최신 수정판

회화도 정보도 **든든**

여행중국어

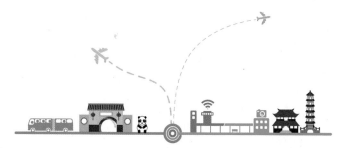

다락원

중국은 한반도 면적의 40여 배에 달하는 광활한 영토와 13억이 넘는 인구를 가진 대국이다. 이런 중국을 여행한다는 것은 좁은 국토에서 생활해 온 우리 한국인들에게는 새로운 경험이자 미지의 세계에 대한 도전이다. 여행 중에 만나는 수많은 사람과 민족, 다양한 풍속과 언어는 중국이란 한 국가를 경험하기 위해 떠난 사람들에게 마치 여러 나라를 여행하는 듯한 착각과 이국의 경이로움을 선사할 것이다.

어느 나라를 여행하든 여행객이 겪는 어려움은 크게 다르지 않다. 먹는 것, 타는 것, 자는 것, 심지어 구경하는 것조차도 익숙하지 않아 '집 떠나면 고생'이라는 말이 현실로 다가올 때가 한두 번이 아닐 것이다. 이러한 여행객들을 위해 저자는 소위 '전투(또는 생존) 중국어'를 표현하려고 노력했다. 저자는 늘 필요한 시기에 던져지는 한 단어, 혹은 짧은 문장만으로도 중국인들과 아주 원활하게 의사소통이 되는 것을 보았다. 그래서 여정의 모든 상황에 꼭 필요한 회화와 단어들만 정선해 중국어를 배워 본 적이 없는 여행객도 이 책으로 실용적인 중국어를 구사할 수 있도록 하였다. 또한 출입국, 숙박, 교통, 식당, 쇼핑, 관광, 여행 트러블 등 여러 가지 상황에서 여행자들이 알아 두면 반드시 도움이 되는 최신 중국 여행 정보들을 실었다.

이 책은 중국 여행을 가고 싶지만 중국에 관한 기본 지식이 부족하거나 중국어를 배워 본 적이 없어서 언어 소통에 두려움을 느끼는 사람들을 위해 엮었다. 낯선 세계의 문을 두드리는 시점에서 가장 큰 문제인 언어 문제를 어느 정도 해소하고 간다면 여행지에서 더 많은 것을 느끼고 경험할 수 있기 때문이다.

끝으로 이 책이 중국 여행을 떠나는 여행자에게 든든한 동반자가 되었으면 하는 바람을 가져 본다.

이강인 · 양희석 · 원호영

중국, 알고 떠나자

기본 회화 ● track 02

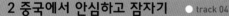

4 중국 음식 즐기기　●track 06

5 쇼핑 즐기기　●track 07

6 중국 문화 체험하기　● track 08

7 트러블 현명하게 대처하기　● track 09

8 한국으로 돌아가기 ● track 10

1 기본 알기

각 장마다 들어가는 부분에 '기본 알기'가 마련되어 있는데, 그 장에서 가장 잘 쓰이는 구문의 용법과 예문이 소개되어 있습니다. 구문 다음에는 여행을 갔을 때 꼭 필요한 정보들을 풍부한 사진 자료와 함께 제공하여 여행의 즐거움을 배로 느낄 수 있도록 도와주고 있습니다.

2 이 표현 모르면 ~해요

각 장에서 가장 포인트가 되는 알짜 표현 10가지를 모았습니다. 이 부분에 나오는 표현들은 꼭 외워 두세요!

3 이런 상황, 이런 표현

각 장마다 장소와 상황별로 여행지에서 일어날 수 있는 다양한 세부 상황을 설정해 쉽고 간단한 표현을 제공하였습니다. 각 장마다 인덱스 스티커를 붙이고, 필요할 때마다 바로바로 펴서 활용하세요!

4 이건 덤~

"지피지기 백전불태(知彼知己 百战不殆)"라는 말이 있죠? "상대를 알고 나를 알면 백 번을 싸워도 위태롭지 않다"라는 뜻입니다. '이건 덤~' 에서는 중국 여행 중 알아 두면 손해 보지 않는 알짜배기 정보들이 해당 상황 아래에 나와 있습니다. 위태롭지 않을 여행을 위해 꼭 읽어 보세요!

5 가리키면 통하는 바로바로 단어

여행 중국어의 하이라이트! 중국어를 몰라도 그냥 펼치고 중국인에게 콕 찍어서 보여 주기만 하면 OK! 풍부한 단어와 교체 회화까지~

6 MP3 파일

여행 중국어의 MP3 파일에는 '중국어 성조, 5분 안에 마스터하는 법'과 각 장의 중국어 회화 부분이 녹음되어 있습니다.

| 4성과 경성 |

중국어에서는 같은 'ma'음이라도, 성조가 다르면 그 의미도 완전히 달라집니다.

❖ **제1성(第一声):** 처음부터 끝까지 같은 음높이이며, 소리를 높고 평평하게 유지해야 합니다.

mā 妈
엄마

❖ **제2성(第二声):** 단번에 가장 높은음까지 소리를 끌어올립니다.

má 麻
삼, 마

❖ **제3성(第三声):** 아주 낮은 위치까지 음을 낮추었다가 다시 살짝 올라간 상태에서 발음을 끝냅니다.

mǎ 马
말

❖ **제4성(第四声):** 가장 높은음에서 가장 낮은음까지 급격하게 낮춥니다.

mà 骂
꾸짖다

❖ 경성(轻声): 가볍고 짧게 발음합니다.

| | 제1성 뒤 | 제2성 뒤 | 제3성 뒤 | 제4성 뒤 |

예 제1성 뒤에 올 때는　māma 妈妈　엄마
　제2성 뒤에 올 때는　yéye 爷爷　할아버지
　제3성 뒤에 올 때는　nǎinai 奶奶　할머니
　제4성 뒤에 올 때는　bàba 爸爸　아빠

성조는 운모 위에 표기합니다. 경성에는 성조를 표기하지 않습니다.

| 발음연습 |

māma mà mǎ.

妈妈 骂 马。

엄마가 말을 꾸짖는다.
중국어의 어순은 SVO(주어+동사+목적어)입니다.

| 4성 발음의 요령 |

❖ **제1성**: 치과에서 의사선생님이 "아–하세요." 할 때의 '아–'와 느낌이 비슷합니다.

❖ **제2성**: 다른 사람의 말에 "뭐?" 하고 반문할 때와 느낌이 비슷합니다.

❖ **제3성**: 무엇인가 깨달았을 때 머리를 끄덕이며 말하는 "아〜아! 그렇구나!"의 '아〜아'와 느낌이 비슷합니다.

❖ **제4성**: 자동차가 고속으로 자신의 눈앞을 스쳐 지나갈 때, 순간적으로 아주 높은 소리가 들렸다가 순식간에 사라지는 듯한 느낌과 비슷합니다.

❖ **제1성**: 치과에서 의사선생님이 입을 벌리라면서 "아–"

❖ **제2성**: 상대방에게 반문할 때의 "뭐?"

❖ **제3성**: 무엇인가 깨달았을 때의 "아~아!"

❖ **제4성**: 무언가 잊고 가져오지 않았을 때의 "아!"

중국, 알고 떠나자

1 중국의 국토와 기후

중국은 아시아 대륙의 동부, 태평양 서안에 위치하고 있다. 중국의 면적은 약 960만 평방 킬로미터(9,596,900㎢)로, 러시아, 캐나다에 이어 세계에서 세 번째, 아시아에서는 제일 크며 유럽의 전체 면적과 비슷하고, 한반도 면적의 44배, 남한의 100배에 이른다. 국경선의 총 길이는 20,280㎞로, 북한, 러시아, 몽골, 카자흐스탄, 키르키즈스탄, 타지키스탄, 아프카니스탄, 파키스탄, 인도, 네팔, 부탄, 미얀마, 라오스, 베트남 등의 14개 국가와 인접해 있다.
중국의 기후는 두 가지 중요한 특징이 있다. 첫째, 대륙성 계절풍 기후가 뚜렷하다. 둘째, 기후 유형이 복잡하고 다양하다.

2 행정 구역

중국의 행정 구역은 오른쪽 지도와 같이 22개 성(중국은 타이완을 23번째 성으로 간주)과 4개의 직할시, 5개의 자치구, 2개의 특별행정구로 구성되어 있다.

3 민족과 인구

중국은 전 인구의 약 92%를 한족이 차지하고, 그 외 약 8%는 55개의 소수민족이 차지하고 있다. 55개 소수민족 중에서는 광시 장족 자치구를 중심으로 거주하는 장족이 인구가 가장 많고, 회족, 만주족, 위구르족이 그 뒤를 이어 다수를 차지하고 있다. 중국에는 모두 152개의 소수민족 자치 지역(5개의 자치구, 30개의 자치주, 117개의 자치현)이 있는데 이는 전 국토의 64% 정도를 차지한다.

▼ 중국의 행정구획도

성
자치구
직할시
특별행정구

헤이룽장 黑龙江
지린 吉林
랴오닝 辽宁
톈진 天津
베이징 北京
허베이 河北
산둥 山东
신장 新疆
간쑤 甘肃
네이멍구 内蒙古
닝샤 宁夏
산시 山西
칭하이 青海
산시 陕西
허난 河南
장쑤 江苏
상하이 上海
티베트 西藏
쓰촨 四川
후베이 湖北
안후이 安徽
저장 浙江
충칭 重庆
구이저우 贵州
후난 湖南
장시 江西
푸젠 福建
타이완 台湾
윈난 云南
광시 广西
광둥 广东
홍콩 香港
마카오 澳门
하이난 海南

▲ 만주족

한족 ▶

▲ 장족

▲ 이족

중국의 인구는 13억 9008만 명(2017년 말 기준)으로 발표되었다. 중국사회과학원에서는 2025년에 중국 인구가 15억 명을 넘어서리라는 예상과 함께 한계 인구를 16억 명으로 추정하고 법으로 '1가구 1자녀'의 산아 제한 운동을 벌였다. 하지만 인구 고령화와 노동 가능 인구의 감소로 '1가구 1자녀' 정책은 폐지되었다.

4 중국의 명절

➤ 공휴일

중국은 일찍이 주 5일 근무제가 시행되어 매주 토요일과 일요일을 공휴일로 정해 놓았다. 그 밖의 국가 공휴일은 다음과 같다.

원단(元旦) 1월 1일   춘절(春节) 음력설, 음력 1월 1일
노동절(劳动节) 5월 1일(근로자의 날)   국경절(国庆节) 10월 1일(건국기념일)

춘절과 노동절, 국경절은 이전에는 기본적으로 7일 혹은 그 이상을 쉬었다. 그러나 지금은 휴일을 분산하는 추세로 3일을 공식 휴가로 정하고, 나머지 휴일은 다른 전통 명절로 분산해 놓았다. WTO 가입 이후 중국의 독자적인 휴가 정책을 실행하기 어려워진 탓이다.

➤ 주요 기념일

부녀절(妇女节) 3월 8일　　　청년절(青年节) 5월 4일

아동절(儿童节) 6월 1일　　　건군절(建军节) 8월 1일

➤ 전통 절기

원소절(元宵节) 음력 정월 15일　　청명절(清明节) 4월 5일경

단오절(端午节) 음력 5월 5일　　중추절(中秋节) 추석, 음력 8월 15일

➤ 소수민족 축제일

발수절(泼水节) 4월 중순, 시솽반나(西双版纳)
　　　　　　　　태족(傣族)의 물 뿌리기 축제

달로절(达努节) 음력 5월 29일, 요족(瑶族)의 축제일

화파절(火把节) 음력 6월 24일, 이족(彝族)의 축제일

나달모(那达慕) 음력 6월 4~8일, 몽고족(蒙古族)의 축제일

▲ 태족의 축제인 **발수절** 모습

5 주요 기관 영업시간

중국 주요 기관의 영업시간은 다음과 같다. 단, 영업시간은 관공서라
할지라도 지역에 따라 다를 수 있다.

은행　　　주중 08:30~17:00, 국가 공휴일 및 주말 09:00~16:00

백화점　　10:00~22:00

관공서　　09:00~17:00

우체국　　주중 08:30~17:30, 주말 08:30~16:00

상점　　　08:00~21:00 전후

1 여권(Passport)

▲ 대한민국 여권

여권은 여권소지자의 국적 및 신분을 증명하고, 여권을 발급한 나라로 언제든지 귀국할 수 있음을 약속함과 동시에, 체류국에 여권 소지자의 입국과 체류에 있어서 편의를 제공해 줄 것을 요청하는 국가와 국가 사이의 공문서이다. 여권은 환전, 비자 신청 및 발급, 출국 수속, 비행기 탑승, 호텔 체크인, 면세점 이용 등에 두루 쓰인다. 해외에서 유일하게 자신의 신원을 보증해 주는 서류이므로 항상 휴대해야 한다.

➤ 여권의 종류

복수여권 : 유효기간 중 횟수에 제한 없이 국외여행을 할 수 있는 여권으로 10년 이내(5년 미만, 5년, 10년)의 유효기간 부여

단수여권 : 1회에 한하여 국외여행을 할 수 있는 여권으로 1년의 유효기간 부여

➤ 여권 신청 시 필요한 서류

① 여권 발급 신청서 1부
② 여권용 컬러사진 2매(3.5㎝×4.5㎝, 최근 6개월 이내에 촬영한 것)
③ 신분증(주민등록증, 운전면허증, 유효한 여권)
④ 병역관계서류(25세~37세 병역 미필 남성: 국외여행 허가서,
    만 18세~24세 병역 미필 남성: 없음,
    기타 만 18세~37세 남성: 주민등록 초본 또는 병적 증명서)

➤ 여권 발급 신청과 수령 방법

서류(②③④)가 준비되면 거주지와 상관없이 가까운 관청의 여권계로 간다.

비치되어 있는 견본을 보고 여권 발급 신청서를 작성한다.

접수계에 가서 신분증을 내고 여권 발급 수수료를 지불한다. 수수료는 여권 유효기간, 면수에 따라 각각 다르다.

모든 서류를 접수계에 접수한다.

접수증을 받아 잘 보관한다.

7일 후 지정된 날짜에 여권을 수령할 때는 접수증, 신분증을 지참한다.

▲ 여권 발급 신청서

	지방청	전화번호
서울	종로구청 민원여권과	(02)2148-1953
	노원구청 민원여권과	(02)2116-3282
	서초구청 OK민원센터	(02)2155-6340
	영등포구청 민원여권과	(02)2670-3249
	동대문구청 민원여권과	(02)2127-4421
	강남구청 민원여권과	(02)3423-5418
부산	시청 통합민원과	(051)120
대구	시청 행복민원과	(053)803-2855
인천	시청 민원실	(032)440-2477~9
광주	시청 자치행정과	(062)120
대전	시청 시민봉사과	(042)270-4183~9
울산	시청 자치행정과	(052)120
세종	시청 민원담당관	(044)120
경기	도청 열린민원실	(031)120
강원	도청 총무행정관	(033)120
충남	도청 자치행정과	(041)635-2354
충북	도청 자치행정과	(043)220-2733
경남	도청 자치행정과	(055)211-7800
경북	도청 종합민원실	(054)880-2893, 2896
전남	도청 도민행복소통실	(061)286-2334
전북	도청 자치행정과	(063)280-2253
제주	도청 민원실	(064)710-2171, 2173, 2176

➤ 여권 재발급

여권 유효기간 만료 이전에 새로운 여권을 발급받아야 한다. 여권 유효기간 연장 제도는 폐지되었으므로 유효기간 연장은 불가능하다.

- 여권 발급 신청서 1부
- 구여권
- 여권용 컬러사진 2매
- 신분증: 주민등록증, 운전면허증, 유효한 여권
- 서명: '여권 명의인 서명란'에 반드시 여권 명의인의 서명
  (18세 미만은 법정대리인이 서명할 수 있으나 여권 명의인
  본인 이름으로 서명하고 미성년자라도 본인 서명이 가능한
  경우는 본인이 서명)

2 비자(Visa)

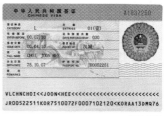

▲ 중국 비자

비자란 외국인의 입국 허가 증명으로, 입국하려고 하는 나라의 영사(領事)로부터 미리 비자를 받아 두어야 한다. 중국은 우리나라 국민의 무비자 입국이 불가능한 나라이므로 반드시 체류기간과 목적에 맞는 비자를 발급받아야 한다.

➤ 중국 비자의 종류

중국 비자는 입국 횟수에 따라 단수비자와 복수비자로 나뉘며, 발급 소요 시간에 따라 보통·급행·당일 신청이 있다.

단수비자 : 3개월 유효기간 내에 1번 입국 가능

L비자(관광단수)　　　관광이 목적일 때 사용. 30일 체류 가능한 L30, 90일 체류 가능한 L90이 있다.

F비자(상용단수)	교류, 방문, 시찰 등의 활동을 하러 갈 때 사용. 30일 체류 가능한 F30과 90일 체류 가능한 F90이 있다.
X비자(유학비자)	학습, 연수의 목적으로 중국에 체류하고자 할 때 사용
Z비자(취업비자)	중국 주재원 혹은 취업자 및 그 수행 가족

복수비자 : 6개월 또는 1년 유효기간 내 횟수에 상관없이 복수로 출입국 가능, 업무 등으로 중국에 자주 방문하는 자가 사용

➤ 중국비자신청센터

- **지점** : 서울(서울스퀘어, 남산스퀘어), 부산, 광주, 제주
- **접수 시간** : 오전 9시~오후 3시(당일·급행은 오전 11시 30분 마감)
- **발급 소요 시간** : 주말과 휴일을 제외하고 보통 신청은 4일, 급행 신청은 2일 소요
- **단수비자 구비 서류**
  - ① 비자 신청서 1통(중국 대사관 소정 양식)
  - ② 여권(유효기간이 6개월 이상 남은 것)
  - ③ 여권용 사진 1장(3.3cm×4.8cm, 6개월 이내 촬영한 것)
  - ④ 비자신청인 이름으로 예약된 비행기 왕복 티켓, 호텔 바우처
  - ⑤ 여행 일정표
- **단수비자 보통 신청 발급 수수료**

1차 입국 비자 (단수비자)	2차 입국 비자	6개월 복수 비자	1년 이상 복수 비자
55,000원	73,000원	90,000원	120,000원

- **홈페이지** : www.visaforchina.org

➤ 주의사항

- 비자 발급 수수료는 보통·급행·특급 신청에 따라 다르다.

- 만약 비자 발급이 거절되어도 비용이 발생한다. (보통 신청의 경우 2만 원)
- 중국비자신청센터에 가기 어려우면 비자 발급 권한이 있는 여행사에 비자 발급 대행을 신청할 수도 있다. 여행사에서 신청하는 경우에는 중국비자신청센터보다 서류 준비가 간편할 수 있으나, 비자 발급 수수료 외에 별도의 대행료가 추가될 수 있다.

➤ 비자 발급 신청과 수령 방법

서류가 준비되면 가까운 중국비자신청센터를 방문한다.

서류 심사를 받는다. 비자 신청서는 미리 작성해 가도 되고, 비자신청센터에서 견본을 보고 작성할 수도 있다.

서류 심사를 통과하면 접수계에 가서 서류를 접수하여 비자를 신청한다.

접수증을 받아 잘 보관한다.

▲ 중국 비자 신청서

신청할 때 안내받은 날짜에 접수증을 가지고 다시 비자신청센터를 방문하여 수수료를 지불하고 비자를 수령한다. 접수증을 잃어버린 경우에는 신청인이 직접 신분증을 가지고 방문해야 비자를 수령할 수 있다. 발급된 비자의 종류, 여권번호 등에 오류가 없는지 다시 한 번 확인하는 것이 좋다.

한국에서 중국으로 가려면 비행기나 배를 이용해야 한다. 항공편은 선박편에 비해 가격은 조금 비싸지만 빠르고 편안하다는 장점이 있다. 항공편으로 인천에서 출발할 경우 칭다오 등 가까운 황해 연안 지역은 1시간 30분 정도, 쿤밍과 같은 비교적 먼 내륙 지역은 5시간 정도 소요된다.

선박편은 항공편에 비해 시간이 오래 걸리지만 항공편에서 느끼지 못할 바다 위에서의 운치를 여유롭게 느낄 수 있다는 장점이 있다.

1 항공편

현재 한국과 중국을 오가는 항공편이 과거에 비해 크게 증가하여 최적의 시간과 합리적인 가격으로 중국을 여행할 수 있는 선택의 폭이 넓어졌다. 한중 양국은 현재의 1노선 1항공사 정책을 폐기하고 12개 핵심노선을 제외한 지방노선에서 최대 주 14회까지 2개 항공사가 자유롭게 운항할 수 있게 되었다. 12개 핵심노선은 인천~베이징·상하이·광저우·선전·톈진·옌지·선양·따리엔, 부산~베이징·상하이, 김포~베이징·상하이 등 노선이다. 중국 항공 노선이 확대됨에 따라 중국의 다양한 도시를 방문할 수 있는 여건이 조성되었다.

➤ 노선별 소요 시간

서울[김포] 출발

베이징北京	2시간	상하이上海	1시간 40분

인천 출발

베이징北京	2시간 10분	창춘长春	2시간 20분
청두成都	4시간	충칭重庆	4시간 10분
따리엔大连	1시간	광저우广州	3시간 40분
구이린桂林	3시간 50분	항저우杭州	2시간
하얼빈哈尔滨	2시간 10분	지난济南	1시간 40분
쿤밍昆明	4시간 50분	난징南京	1시간 50분
칭다오青岛	1시간 35분	싼야三亚	4시간 40분
상하이上海	1시간 50분	선양沈阳	1시간 50분
톈진天津	1시간 50분	우한武汉	2시간 40분
샤먼厦门	3시간	시안西安	2시간 50분
옌지延吉	2시간 30분	옌타이烟台	1시간 20분

제주 출발

베이징北京	2시간 30분	상하이上海	1시간 20분

무안 출발

상하이上海	1시간 30분	마카오澳门	3시간 45분

부산[김해] 출발

베이징北京	1시간 45분	상하이上海	1시간 35분
시안西安	3시간 10분	칭다오青岛	1시간 30분
선양沈阳	2시간	난징南京	2시간 10분

청주 출발

선양沈阳	1시간 50분	상하이上海	1시간 20분

대구 출발

베이징 北京	2시간 20분	상하이 上海	1시간 45분
선양 沈阳	1시간 50분	싼야 三亚	4시간 45분
웨이하이 威海	1시간 40분	홍콩 香港	3시간 30분

➤ 항공권 구입하기

항공권은 항공사나 시중 여행사에서 구입하면 되는데, 한 달 전쯤에 예약해 놓는 것이 좋다. 중국의 공휴일(특히 음력 1월 1일 춘절, 5월 1일 노동절, 10월 1일 국경절)과 방학 초는 성수기로, 항공권을 구하기도 힘들 뿐 아니라 가격도 평소보다 많이 비싸므로 이 시기는 피하는 것이 좋다.

항공권을 구매한 이후 일정 시간이 지나면 예약 확인 이메일을 받을 수 있고, 해당 항공권을 프린트하거나 핸드폰에 저장하여 공항에서 탑승권으로 바꾸면 된다.

➤ 항공사별 항공권 예약처

항공사	예약 전화번호
대한항공(KE)	1588-2001
아시아나항공(OZ)	1588-8000
제주항공(7C)	1599-1500
티웨이항공(TW)	1688-8686
이스타항공(ZE)	1544-0080
중국국제항공(CA)	(02)774-6886
중국동방항공(MU)	1661-2600
중국남방항공(CZ)	1899-5539
중국샤먼항공(MF)	(02)3455-1666

선박편

배를 이용하여 중국으로 들어가기 위해서는 인천이나 군산, 평택 등의 항구 도시에서만 출발이 가능하다. 인천에서는 중국의 톈진(天津), 따리엔(大连), 칭다오(青岛), 웨이하이(威海), 딴똥(丹东), 옌타이(烟台), 잉커우(营口), 스다오(石岛)로 들어가고, 군산에서는 스다오, 평택에서는 룽청(荣成), 리엔윈(连云), 웨이하이, 르짜오(日照), 옌타이로 들어간다. 이중에서 가장 일반적인 것은 역시 인천 항구에서 중국으로 들어가는 것인데, 경로가 배편으로는 가장 빠르다.

➤ 인천 출발 선박명 및 운항 일정표 (기준일: 2019년 6월 3일)

진천페리

	일	월	화	수	목	금	토
인천		15:00(착)	12:00(발)			14:00(착) 19:00(발)	
톈진	11:00(발)			14:00(착)	11:00(발)		20:00(착)

위동페리

	일	월	화	수	목	금	토
인천		11:00(착) 19:00(발)		09:00(착) 19:30(발)		09:00(발)	19:30(발)
웨이하이	09:00(착) 21:00(발)		09:00(착) 20:00(발)		09:00(착) 20:00(발)		

	일	월	화	수	목	금	토
인천			11:00(착) 18:00(발)		11:00(착) 18:00(발)		11:00(착) 18:00(발)
칭다오	09:00(착)	17:30(발)		09:00(착) 17:30(발)		09:00(착) 17:30(발)	

대인페리

	일	월	화	수	목	금	토
인천			10:00(착) 17:00(발)		10:00(착) 17:00(발)		10:00(착) 17:00(발)
따리엔	08:00(착)	18:00(발)		08:00(착) 18:00(발)		08:00(착) 18:00(발)	

단동페리

	일	월	화	수	목	금	토
인천		09:00(착) 17:30(발)		09:00(착) 17:30(발)		09:00(착) 17:30(발)	
딴똥	17:00(발)		09:00(착) 17:00(발)		09:00(착) 17:00(발)		09:00(착)

★ 출발 및 도착 시간은 기상 상황 및 조차에 따라 변동될 수 있으니 사전에 전화 확인을 하는 것이 좋다.

➤ 승선권 예매 및 안내

– 진천페리
홈페이지 : www.jinchon.co.kr
전화번호 : 032-777-8260

– 위동페리
홈페이지 : www.weidong.com
전화번호 : 032-770-8000

– 대인페리
홈페이지 : www.dainferry.co.kr
전화번호 : 032-891-7100

▲ 인천 제2국제여객터미널 출국장

– 단동페리
홈페이지 : www.dandongferry.co.kr
전화번호 : 032-891-3322

▲ 인천 제2국제여객터미널 입구

➤ 여행 경비 산출하기

현지에서 사용할 경비에 대해서는 크게 다음과 같이 생각해 보자.

첫째, 출입국 교통비

선박편을 이용한다면 항공편의 절반 요금으로 중국에 갈 수 있지만, 최근에는 저가 항공권을 판매하는 곳이 많기 때문에 잘만 이용한다면 항공편으로도 큰 비용 부담 없이 다녀올 수 있다.

둘째, 숙박비

도미토리나 3성급 이하의 호텔, 대학 기숙사를 이용한다면 60~120위안(1인 기준) 정도의 저렴한 가격으로 묵을 수 있다. 또 기차의 침대칸을 이용하여 다음 여행지로 이동한다면 숙박비를 절약할 수 있다.

셋째, 식사비

하루 중 아침은 간단히, 점심과 저녁 중 한 끼 정도는 든든히 먹는 것으로 생각하자. 짐이 무겁겠지만 고추장, 김치 등을 가지고 가면 밥만 사서 한 끼를 해결할 수 있다.

넷째, 입장·관람료

가장 최근에 발간된 여행 정보책을 참고해서 여행지의 입장료나 관람료를 계산하자.

다섯째, 현지 교통비

지역 이동 시에 필요한 기차비, 버스비, 택시비 등은 중국 물가에 비해 비싼 편이므로 현지 교통비를 꼼꼼하게 계산하여 출발해야 한다. 장거리 이동 시 기차를 이용하고, 시내 이동 시 버스나 지하철을 이용하면 교통비를 절감할 수 있다.

여섯째, 비상금
위의 다섯 항목 외에도 기념품을 사거나 예상치 못하게 일어나는
일에 쓸 비상금을 준비하자.

➤ 환전하기

인천국제공항에 있는 신한은행, 하나은행, 우리은행에서 아침 7시
부터 밤 9시까지 연중 무휴로 환전할 수 있다. 우리나라의 외국환
취급 은행에서는 지폐만 교환해 준다. 중국 내에서의 환전은 공항
에 있는 중국은행 출장소나 중국의 모든 은행에서 가능하다. 이때,
외국인은 반드시 여권을 제시해야 한다. 환전을 할 때는 고액권과
소액권을 고루 바꾸어야 여행지에서 쓰기 편리하다.
원화를 달러나 여행자수표로 환전했다가 중국에서 인민폐로 환전
하는 방법도 있다. 하지만 이 경우에는 환전 과정이 많아져서 오히
려 손해를 볼 수도 있으니, 중국에서 환전을 할 때는 호텔이나 은
행 등에서 환율을 잘 알아보고 바꾸어야 한다.

➤ 중국의 돈-런민삐(人民币)

중국의 돈을 '런민삐'라고 하며 런민삐의 기본 단위는 '위안(元)-
쟈오(角)-펀(分)'이다. '위안'은 구어에서 '콰이(块)'라고 하고, '쟈
오'는 '마오(毛)'라고 한다. 런민삐의 가장 큰 단위는 100위안이고
가장 작은 단위는 1펀이다. 10펀은 1마오와 같고, 10마오는 1위안
과 같다.

〈런민삐의 종류〉

▲ 위에서부터 차례로
1위안, 2위안, 5위안

▲ 위에서부터 차례로
**10위안, 20위안,
50위안, 100위안**

▲ 위에서부터 차례로
**1마오, 2마오,
5마오**

▲ 왼쪽부터 차례로 **1위안, 5마오, 1마오, 5펀, 2펀, 1펀 동전**

➤ 여행자수표(T/C)

여행자수표(traveler's check)는 어느 곳에서든지 현금처럼 사용할
수 있다. 은행에서 여행자수표로 환전을 할 때도 현금보다 더 싸게
환전을 할 수 있어서 여행을 할 때 여행자수표로 가지고 가기도 한
다. 여행자수표에는 사인을 하는 란이 두 군데 있는데 환전을 하고
나서 그중 한 곳에 사인을 하고 다른 한 곳에는 실제 사용을 할 때
사인을 하도록 되어 있다. 때문에 한 곳에만 사인을 한 채로는 사
용을 할 수 없기 때문에 분실되거나 도난을 당해도 재발행이 가능
하다.

➤ 물품 리스트 만들기

여행 일정이 결정되면 충분한 시간을 두고 짐을 챙겨야 한다. 아래 목록을 참고해서 필요한 물품을 빠짐없이 준비해 보자.

물품명	확인	물품명	확인	물품명	확인
여권(비자)		항공권		런민삐(人民幣)	
달러		여행 안내 책자		세면도구	
모자		선크림		수건	
스웨터		속옷		화장품	
선글라스		티셔츠		양말(스타킹)	
구급약		운동화		생리용품	
비상 식량		반짇고리		샌들	
사전(어플)		필기도구		콘택트렌즈 용구	
카메라		신용카드		손목시계	
우산		국제전화카드		선물(민예품)	
계산기		지도			
기타					

기본 회화

你好!

안녕하세요! / 안녕하세요!(아침)

니 하오! / 자오상 하오!

你好! / 早上好!

Nǐ hǎo! / Zǎoshang hǎo!

안녕히 주무세요!

완안!

晚安!

Wǎn'ān!

慢走!

헤어질 때

잘 가요! / 안녕히 가세요!

만 저우! / 짜이찌엔!

慢走! / 再见!

Màn zǒu! / Zàijiàn!

행운이 있기를 바랍니다.

쭈 니 이 루 핑안.

祝你一路平安。

Zhù nǐ yí lù píng'ān.

初次见面。

처음 뵙겠습니다.

추츠 찌엔미엔.

初次见面。

Chūcì jiànmiàn.

만나서 반갑습니다!

런스 니 헌 까오싱!

认识你很高兴！

Rènshi nǐ hěn gāoxìng!

당신의 이름은 무엇입니까?

니 쨔오 선머 밍즈?

你叫什么名字？

Nǐ jiào shénme míngzi?

저는 이상윤입니다.

워 쨔오 리 샹룬.

我叫李相润。

Wǒ jiào Lǐ Xiàngrùn.

저는 한국인입니다.

워 스 한구어런.

我是韩国人。

Wǒ shì Hánguórén.

당신의 직업은 무엇입니까?

니 쭈어 선머 꽁쭈어?

你做什么工作？

Nǐ zuò shénme gōngzuò?

나는 학생입니다.

워 스 쉬에성.

我是学生。

Wǒ shì xuésheng.

| 회사원 | 꽁쓰 즈위엔
公司职员
gōngsī zhíyuán |
| 공무원 | 꽁우위엔
公务员
gōngwùyuán |

저는 서울에서 살고 있습니다.

워 쭈짜이 한청.

我住在汉城。

Wǒ zhùzài Hànchéng.

| 부산 | 푸산
釜山
Fǔshān | 대전 | 따티엔
大田
Dàtián |

잘 부탁드립니다.

칭 뚜어 꽌짜오.

请多关照。

Qǐng duō guānzhào.

저야말로 잘 부탁합니다.

나리 나리, 칭 니 뚜어 꽌짜오 워.

哪里哪里，请你多关照我。

Nǎli nǎli, qǐng nǐ duō guānzhào wǒ.

이것은 제 명함입니다.

쩌 스 워 더 밍피엔.

这是我的名片。

Zhè shì wǒ de míngpiàn.

중국어를 할 수 있습니까?

니 후이 수어 한위 마?

你会说汉语吗?

Nǐ huì shuō Hànyǔ ma?

조금 할 줄 압니다.

후이 이디알.

会一点儿。

Huì yìdiǎnr.

이해하겠습니까?

팅동 러 메이여우?

听懂了没有?

Tīngdǒng le méiyǒu?

좀 더 천천히 말씀해 주세요.

칭 수어 만디알.

请说慢点儿。

Qǐng shuō màndiǎnr.

다시 한번 말씀해 주세요.

칭 짜이 수어 이 삐엔.

请再说一遍。

Qǐng zài shuō yí biàn.

잠깐만 기다려 주세요.

칭 사오 덩.

请稍等。

Qǐng shāo děng.

好久不见。

오랜만입니다.

하오 지우 부 찌엔.

好久不见。

Hǎo jiǔ bú jiàn.

말씀 많이 들었습니다.

지우양 지우양.

久仰久仰。

Jiǔyǎng jiǔyǎng.

잘 지내십니까?

니 하오 마?

你好吗？

Nǐ hǎo ma?

잘 지냅니다. 당신은요?

워 헌 하오, 니 너?

我很好，你呢？

Wǒ hěn hǎo, nǐ ne?

덕분에 모두 건강합니다.

투어 닌 더 푸, 떠우 찌엔캉.

托您的福，都健康。

Tuō nín de fú, dōu jiànkāng.

不行。

대답할 때

예. / 아니오.

스. / 부 스.

是。/ 不是。

Shì. / Bú shì.

맞습니다. / 틀립니다.

뚜이. / 부 뚜이.

对。/ 不对。

Duì. / Bú duì.

됩니다. / 안 됩니다.

싱. / 뿌 싱.

行。/ 不行。

Xíng. / Bù xíng.

알겠습니다. / 모르겠습니다.

밍바이 러. / 뿌 밍바이.

明白了。/ 不明白。

Míngbai le. / Bù míngbai.

압니다. / 모릅니다.

쯔다오. / 뿌 쯔다오.

知道。/ 不知道。

Zhīdao. / Bù zhīdao.

对不起。

감사 · 사과할 때

감사합니다! / 아닙니다!

시에시에! / 부 커치!

谢谢! / 不客气!

Xièxie! / Bú kèqi!

미안합니다. / 아닙니다. / 괜찮습니다.

뚜이부치. / 메이 설. / 메이 꽌시.

对不起。 / 没事儿。 / 没关系。

Duìbuqǐ. / Méi shìr. / Méi guānxi.

용서하세요.

칭 위엔량.

请原谅。

Qǐng yuánliàng.

실례했습니다.

마판 니 러.

麻烦你了。

Máfan nǐ le.

수고했습니다.

신쿠 러.

辛苦了。

Xīnkǔ le.

양해를 구할 때

여기에 앉아도 될까요?

워 커이 짜이 쩔 쭈어 마?

我可以在这儿坐吗?

Wǒ kěyǐ zài zhèr zuò ma?

말씀 좀 묻겠습니다.

칭 원 이샤.

请问一下。

Qǐng wèn yíxià.

담배를 피워도 됩니까?

워 커이 시옌 마?

我可以吸烟吗?

Wǒ kěyǐ xīyān ma?

사진을 찍어도 됩니까?

워 커 부 커이 파이짜오?

我可不可以拍照?

Wǒ kě bu kěyǐ pāizhào?

창문 좀 열어도 되겠습니까?

촹후 커 부 커이 다카이?

窗户可不可以打开?

Chuānghu kě bu kěyǐ dǎkāi?

	꽌상
닫다	关上
	guānshang

41

이렇게 해도 됩니까?

쩌양 쭈어, 싱 부 싱?

这样做，行不行？

Zhèyàng zuò, xíng bu xíng?

먼저 하십시오.

닌 시엔 라이.

您先来.

Nín xiān lái.

怎么卖?

질문할 때

이것은 얼마입니까?

쩌거 전머 마이?

这个怎么卖？

Zhège zěnme mài?

나거
저것　那个
nàge

오늘은 며칠입니까?

찐티엔 지 하오?

今天几号？

Jīntiān jǐ hào?

지금 몇 시입니까?

시엔짜이 지 디엔?

现在几点？

Xiànzài jǐ diǎn?

저 사람은 누구입니까?

타 스 쒜이?
他是谁?
Tā shì shéi?

어디입니까?

날?
哪儿?
Nǎr?

무엇입니까?

선머?
什么?
Shénme?

왜요?

웨이선머?
为什么?
Wèishénme?

얼마나 걸립니까?

뚜어 창 스찌엔?
多长时间?
Duō cháng shíjiān?

어느 쪽입니까?

나거 팡샹?
哪个方向?
Nǎge fāngxiàng?

숫자

0 링	1 이	2 얼	3 싼
零	一	二	三
líng	yī	èr	sān

4 쓰	5 우	6 리우	7 치
四	五	六	七
sì	wǔ	liù	qī

8 빠	9 지우	10 스	11 스이
八	九	十	十一
bā	jiǔ	shí	shíyī

12 스얼	13 스싼	14 스쓰	15 스우
十二	十三	十四	十五
shí'èr	shísān	shísì	shíwǔ

16 스리우	17 스치	18 스빠	19 스지우
十六	十七	十八	十九
shíliù	shíqī	shíbā	shíjiǔ

20 얼스	30 싼스	40 쓰스	50 우스
二十	三十	四十	五十
èrshí	sānshí	sìshí	wǔshí

60 리우스 六十 liùshí	70 치스 七十 qīshí	80 빠스 八十 bāshí	90 지우스 九十 jiǔshí
100 이바이 一百 yìbǎi	200 량바이 两百 liǎngbǎi	300 싼바이 三百 sānbǎi	400 쓰바이 四百 sìbǎi
500 우바이 五百 wǔbǎi	600 리우바이 六百 liùbǎi	700 치바이 七百 qībǎi	800 빠바이 八百 bābǎi
900 지우바이 九百 jiǔbǎi	1000 이치엔 一千 yìqiān	10000 이완 一万 yíwàn	1억 이이 一亿 yíyì

개수

한 개 이 거 一个 yí ge	두 개 량 거 两个 liǎng ge	세 개 싼 거 三个 sān ge	네 개 쓰 거 四个 sì ge
다섯 개 우 거 五个 wǔ ge	여섯 개 리우 거 六个 liù ge	일곱 개 치 거 七个 qī ge	여덟 개 빠 거 八个 bā ge
아홉 개 지우 거 九个 jiǔ ge	열 개 스 거 十个 shí ge	몇 개 지 거 几个 jǐ ge	

한 명 이거런	두 명 량거런	세 명 싼거런	네 명 쓰거런
一个人	两个人	三个人	四个人
yí ge rén	liǎng ge rén	sān ge rén	sì ge rén

다섯 명 우거런	여섯 명 리우거런	일곱 명 치거런	여덟 명 빠거런
五个人	六个人	七个人	八个人
wǔ ge rén	liù ge rén	qī ge rén	bā ge rén

아홉 명 지우거런	열 명 스거런	몇 명 지거런	
九个人	十个人	几个人	
jiǔ ge rén	shí ge rén	jǐ ge rén	

월

1월 이 위에	2월 얼 위에	3월 싼 위에	4월 쓰 위에
一月	二月	三月	四月
yī yuè	èr yuè	sān yuè	sì yuè

5월 우 위에	6월 리우 위에	7월 치 위에	8월 빠 위에
五月	六月	七月	八月
wǔ yuè	liù yuè	qī yuè	bā yuè

9월 지우 위에	10월 스 위에	11월 스이 위에	12월 스얼 위에
九月	十月	十一月	十二月
jiǔ yuè	shí yuè	shíyī yuè	shí'èr yuè

몇 월 지 위에			
几月			
jǐ yuè			

일(日)

1일 이 하오 一号 yī hào	2일 얼 하오 二号 èr hào	3일 싼 하오 三号 sān hào	4일 쓰 하오 四号 sì hào
5일 우 하오 五号 wǔ hào	6일 리우 하오 六号 liù hào	7일 치 하오 七号 qī hào	8일 빠 하오 八号 bā hào
9일 지우 하오 九号 jiǔ hào	10일 스 하오 十号 shí hào	11일 스이 하오 十一号 shíyī hào	12일 스얼 하오 十二号 shí'èr hào
13일 스싼 하오 十三号 shísān hào	14일 스쓰 하오 十四号 shísì hào	15일 스우 하오 十五号 shíwǔ hào	16일 스리우 하오 十六号 shíliù hào
17일 스치 하오 十七号 shíqī hào	18일 스빠 하오 十八号 shíbā hào	19일 스지우 하오 十九号 shíjiǔ hào	20일 얼스 하오 二十号 èrshí hào
21일 얼스이 하오 二十一号 èrshíyī hào	22일 얼스얼 하오 二十二号 èrshí'èr hào	23일 얼스싼 하오 二十三号 èrshísān hào	24일 얼스쓰 하오 二十四号 èrshísì hào
25일 얼스우 하오 二十五号 èrshíwǔ hào	26일 얼스리우 하오 二十六号 èrshíliù hào	27일 얼스치 하오 二十七号 èrshíqī hào	28일 얼스빠 하오 二十八号 èrshíbā hào
29일 얼스지우 하오 二十九号 èrshíjiǔ hào	30일 싼스 하오 三十号 sānshí hào	31일 싼스이 하오 三十一号 sānshíyī hào	며칠 지 하오 几号 jǐ hào

월요일 싱치이	화요일 싱치얼	수요일 싱치싼	목요일 싱치쓰
星期一	星期二	星期三	星期四
xīngqīyī	xīngqī'èr	xīngqīsān	xīngqīsì

금요일 싱치우	토요일 싱치리우	일요일 싱치티엔	일요일 싱치르
星期五	星期六	星期天	星期日
xīngqīwǔ	xīngqīliù	xīngqītiān	xīngqīrì

작년 취니엔	금년 찐니엔	내년 밍니엔	내후년 허우니엔
去年	今年	明年	后年
qùnián	jīnnián	míngnián	hòunián

그저께 치엔티엔	어제 주어티엔	오늘 찐티엔	내일 밍티엔
前天	昨天	今天	明天
qiántiān	zuótiān	jīntiān	míngtiān

모레 허우티엔	아침 자오상	낮 바이티엔	저녁 완상
后天	早上	白天	晚上
hòutiān	zǎoshang	báitiān	wǎnshang

오전 상우 **上午** shàngwǔ	정오 쭝우 **中午** zhōngwǔ	오후 샤우 **下午** xiàwǔ	지난주 상 거 싱치 **上个星期** shàng ge xīngqī
이번주 쩌거 싱치 **这个星期** zhège xīngqī	다음주 샤거 싱치 **下个星期** xià ge xīngqī	지난달 상 거 위에 **上个月** shàng ge yuè	이번 달 쩌거 위에 **这个月** zhège yuè
다음 달 샤 거 위에 **下个月** xià ge yuè	방금 깡차이 **刚才** gāngcái	지금 시엔짜이 **现在** xiànzài	나중에 이허우 **以后** yǐhòu
봄 춘티엔 **春天** chūntiān	여름 샤티엔 **夏天** xiàtiān	가을 치우티엔 **秋天** qiūtiān	겨울 똥티엔 **冬天** dōngtiān

시간

1시 이 디엔 **一点** yī diǎn	2시 량 디엔 **两点** liǎng diǎn	3시 싼 디엔 **三点** sān diǎn	4시 쓰 디엔 **四点** sì diǎn
5시 우 디엔 **五点** wǔ diǎn	6시 리우 디엔 **六点** liù diǎn	7시 치 디엔 **七点** qī diǎn	8시 빠 디엔 **八点** bā diǎn
9시 지우 디엔 **九点** jiǔ diǎn	10시 스 디엔 **十点** shí diǎn	11시 스이 디엔 **十一点** shíyī diǎn	12시 스얼 디엔 **十二点** shí'èr diǎn

5분 우 펀	10분 스 펀	15분 스우 펀	15분 이 커
五分	十分	十五分	一刻
wǔ fēn	shí fēn	shíwǔ fēn	yí kè

20분 얼스 펀	25분 얼스우 펀	30분 싼스 펀	반 빤
二十分	二十五分	三十分	半
èrshí fēn	èrshíwǔ fēn	sānshí fēn	bàn

35분 싼스우 펀	40분 쓰스 펀	45분 쓰스우 펀	45분 싼 커
三十五分	四十分	四十五分	三刻
sānshíwǔ fēn	sìshí fēn	sìshíwǔ fēn	sān kè

50분 우스 펀	55분 우스우 펀	몇분 지 펀	
五十分	五十五分	几分	
wǔshí fēn	wǔshíwǔ fēn	jǐ fēn	

방향

오른쪽 여우비엔	왼쪽 주어비엔	앞 치엔미엔	뒤 허우미엔
右边	左边	前面	后面
yòubian	zuǒbian	qiánmian	hòumian

동쪽 뚱비엔	서쪽 시비엔	남쪽 난비엔	북쪽 베이비엔
东边	西边	南边	北边
dōngbian	xībian	nánbian	běibian

맞은편 뚜이미엔	어느 쪽 나거 팡샹		
对面	哪个方向		
duìmiàn	nǎge fāngxiàng		

기쁘다 카이신 **开心** kāixīn	즐겁다 콰이러 **快乐** kuàilè	재미있다 하오왈 **好玩儿** hǎowánr	재미없다 메이 여우이스 **没有意思** méi yǒuyìsi
반갑다 까오싱 **高兴** gāoxìng	기분 좋다 위콰이 **愉快** yúkuài	불쾌하다 뿌 위콰이 **不愉快** bù yúkuài	부럽다 시엔무 **羡慕** xiànmù
섭섭하다 리우리엔 **留恋** liúliàn	쓸쓸하다 찌모 **寂寞** jìmò	무섭다 하이파 **害怕** hàipà	겁나다 파 **怕** pà
화가 나다 성치 **生气** shēngqì	고민하다 판먼 **烦闷** fánmèn	우습다 하오샤오 **好笑** hǎoxiào	행복하다 싱푸 **幸福** xìngfú
흥분하다 싱펀 **兴奋** xīngfèn	감동하다 간뚱 **感动** gǎndòng	괜찮다 하이 커이 **还可以** hái kěyǐ	사랑하다 아이 **爱** ài
좋아하다 시환 **喜欢** xǐhuan	싫어하다 뿌 시환 **不喜欢** bù xǐhuan	질투하다 지뚜 **嫉妒** jídù	만족하다 만이 **满意** mǎnyì
슬프다 뻬이아이 **悲哀** bēi'āi	괴롭다 난꾸어 **难过** nánguò	실망하다 스왕 **失望** shīwàng	분노하다 치펀 **气愤** qìfèn
놀라다 츠찡 **吃惊** chījīng	참다 런나이 **忍耐** rěnnài	조급하다 자오지 **着急** zháojí	안심하다 팡신 **放心** fàngxīn

출발! 중국으로

……짜이 날?

……在哪儿?

……zài nǎr?

'어디', '어느 곳'이라는 의미로, 주로 장소를 묻는 의문문에 사용되는 표현이다.

예 수하물 찾는 곳은 어디입니까?

싱리 링취추 짜이 날?
行李领取处在哪儿?
Xíngli lǐngqǔchù zài nǎr?

중국으로 출발하기

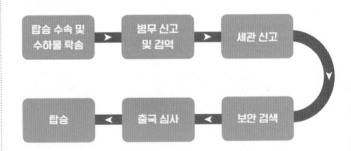

탑승 수속 및 수하물 탁송 ▶ 병무 신고 및 검역 ▶ 세관 신고

탑승 ◀ 출국 심사 ◀ 보안 검색

➤ **탑승 수속 및 수하물 탁송**: 해당
항공사의 체크인 카운터로 가서
탑승 수속을 받아 탑승권을 받고
수하물을 부친다.

➤ **병무 신고 및 검역**: 병역 의무자는 필요한 서류를 구비해 출
국과 귀국 시에 신고한다. 검역소에서는 외국 여행자, 동물,
식물에 대한 검역을 하고 증명서를 발급한다. 도착지 국가에
따라 검역증명서를 확인하기도 하니 해당 항공사에 확인을
한다.(병무청 홈페이지: www.mma.go.kr, 병무 신고 관련
문의: 032-740-2500)

➤ **세관 신고**: 외화(미화 1만 달러 이상)나 휴대물품(귀중품 또
는 고가품) 등 신고할 사항이 있을 경우 세관 신고를 한다.
(관세청 홈페이지: www.customs.go.kr, 세관 신고 관련
문의: 125)

➤ **보안 검색**: 기내 휴대 물품은 항공사마다 규정이 다를 수 있
으니 사전에 확인해야 한다. 검색 요원의 안내에 따라 휴대
물품을 엑스레이 검색대로 통과시킨다.

➤ **출국 심사**: 여권, 탑승
권을 지참하여 유인
출국 심사나 자동출입
국 심사를 거친다. 국
내 면세점에서 구입한
면세품은 출국 시 면

인천공항 출국 수속장

세품 인도장에서 인도받는다.

➤ **탑승**: 출발 40분 전에 승무원의 안내에 따라 비행기에 탑승한다.

중국에 입국하기

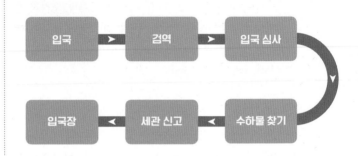

▲ **중국 입국 신고서** 중문 또는 영문으로 기재한다.

➤ **검역**: 비행기에서 내려 행렬을 따라 가다 검역소가 보이면 기내에서 작성한 건강검역카드를 제출한다.

➤ **입국 심사**: 입국 수속대에 여권과 입국 신고서를 제출한다.

➤ **수하물 찾기**: 검역과 입국 심사를 거치고 난 후 자신이 타고 왔던 항공편의 수하물이 있는 수하물 수령대로 가서 짐을 찾는다.

➤ **세관 신고:** 외국인은 소지한 돈이 미화 5,000달러 이상일 경우 세관에 신고해야 한다. 세관에 신고할 사항이 있으면 빨간색 바닥의 통로로 가고, 신고할 사항이 없으면 녹색 통로로 가면 된다.

▲ 베이징 서우뚜(首都)공항의 **수하물 수령대**

중국 공항을 이용하는 한국인의 숫자가 날로 증가하는 추세이다. 이에 따라 한국 항공사측에서 여행객의 편리를 위해 한국어를 구사할 수 있는 통역인을 배치해 놓았으므로 그들에게 도움을 요청하거나 중국어를 구사할 수 있는 한국인에게 도움을 요청할 수도 있다.

➤ **택시:** 기본 요금은 13~14위안 정도이며, 킬로미터당 할증 요금이 뒷문에 표시되어 있다. 뒷문을 잘 보고 좀 더 싼 택시를 타면 된다.(기본 요금과 할증 요금은 도시마다 다르다.)

▲ **중국 택시** 뒷문에 요금에 쓰여 있다.

➤ **공항 리무진:** 매표소에서 가격과 노선표를 참고해 이용하면 된다. 택시를 이용하면 편리하지만, 택시에 따라서 고속도로

이용 요금을 따로 내야 하는 등 요금이 비싸다는 단점이 있다. 반면 공항 리무진을 이용하면 보다 저렴한 정액에 시내로 이동할 수 있다.

▲ 공항 리무진 버스

공항버스 노선(베이징)

1번 노선(팡쫭方庄 방향)

三元桥(싼위엔챠오) – 亮马桥(량마챠오) – 百家庄(바이쟈쫭) – 国贸(구어마오) – 潘家园(판쨔위엔) – 十里河(스리허) – 方庄桥(팡쫭챠오)– 方庄(팡쫭)

2번 노선(베이징남역北京南站 방향)

雍和宫(용허꽁) – 安定门(안띵먼) – 积水潭(찌수이탄) – 西直门(시즈먼) – 复兴门(푸싱먼) – 西单路口南(시딴루커우난) – 宣武门(쉬엔우먼) – 自信路口北(쯔신루커우베이) – 北京南站(베이징난짠)

3번 노선(베이징역北京站 방향)

东直门(똥즈먼) – 东四十条(똥쓰스챠오) – 朝阳门(차오양먼) – 雅宝路(야바오루) – 国际饭店(구어지판띠엔) – 北京站(베이징짠)

4번 노선 (꽁주펀公主坟 방향)

三元西桥(싼위엔시챠오) – 西坝河(시빠허) – 安贞桥(안쩐챠오) – 马甸桥(마띠엔챠오) – 北太平庄(베이타이핑쫭) – 蓟门桥(찌먼챠오) – 友谊宾馆(여우이삔관) – 紫竹桥(즈쥬챠오) – 航天桥(항티엔챠오) – 公主坟(꽁주펀)

5번 노선(쫑관춘中关村 방향)

望和桥(왕허챠오) – 小营(샤오잉) – 亚运村(야윈춘) – 学院桥(쉬에위엔챠오) – 保福寺桥北(바오푸쓰챠오베이) – 清华科技园(칭화커찌위엔)

6번 노선(상띠, 아오윈춘上地、奥运村 방향)

广顺桥(광순챠오) – 广顺北大街(광순베이따제) – 湖光中街(후꽝쭝지에) – 北苑路大屯(베이위엔루따툰) – 大屯(따툰) – 奥运村(아오윈춘) – 亚奥国际酒店(야아오구어찌지우띠엔) – 上地(상띠)

7번 노선(베이징서역北京西站 방향)

广渠门内(광취먼네이) – 磁器口(츠치커우) – 前门大街南口(치엔먼따지에 난커우) – 菜市口(차이스커우) – 广安门外(광안먼와이) – 北京西站南广场(베이징시짠난광창)

8번 노선(후이룽꽌回龙观 방향)

未来科技城(웨이라이커찌청) – 名流花园(밍리우화위엔) – 温都水城(원떠우수이청) – 回龙观东大街(후이룽관똥따지에) – 万意百货(완이바이후어) – 回龙观西大街(후이룽꽌시따지에) – 回龙观(후이룽꽌)

9번 노선(통저우通州 방향)

北关(베이꽌) – 西大街(시따지에) – 北苑(베이위엔) – 翠平北里(추이핑베이리) – 太阳花酒店(타이양화지우띠엔) – 亚太花园酒店(야타이화위엔지우띠엔)

10번 노선(왕푸징찐바오지에王府井金宝街 방향)

华侨大厦(화챠오따사) – 王府井大街(왕푸징따지에) – 金鱼胡同(찐위후퉁) – 金宝街(찐바오지에)

13번 노선(난위엔공항南苑机场 방향)

南苑机场(난위엔찌창)

16번 노선(石景山스징산 방향)

五棵松桥北(우커쏭챠오베이) – 鲁谷(루구) – 万达嘉华酒店(완다쨔화지우띠엔) – 石景山(스징산)

17번 노선(옌쟈오燕郊 방향)

首尔甜橙(소우얼티엔청) – 美丽小区(메이리샤오취) – 星河皓月小区(씽허하오위에샤오취) – 眼睛新城小区(옌징신청샤오취) – 意华小区(이화샤오취) – 北京社会管理职业学院(베이징셔후이관리즈예쉬에위엔) – 交通干部管理学院(쟈오퉁깐부관리쉬에위엔) – 东茂广场(똥마오광창)

18번 노선(昌平창핑 방향)

北控科技大厦(베이콩커찌따사) – 京科苑东(징커위엔뚱) – 水关新村北(수이꽌신춘베이) – 昌平中心公园(창핑쭝신꽁위엔) – 昌平北(창핑베이)

이 표현 모르면 중국에 못 가요!

1

저는 한국인입니다.

워 스 한구어런.

我是韩国人。

Wǒ shì Hánguórén.

2

(여권은) 여기 있습니다.

(후짜오) 짜이 쩔.

(护照)在这儿。

(Hùzhào) zài zhèr.

3

관광하러 왔습니다.

워 스 뤼여우 라이 더.

我是旅游来的。

Wǒ shì lǚyóu lái de.

4

일주일 정도 머물 예정입니다.

워 야오 팅리우 이 거 싱치 주어여우.

我要停留一个星期左右。

Wǒ yào tíngliú yí ge xīngqī zuǒyòu.

5

처음 왔습니다.

띠 이 츠 라이 더.

第一次来的。

Dì-yī cì lái de.

입국 심사대에서

▸▸ 여권(입국 신고서)을 제시해 주십시오.

칭 추스 후짜오(루찡 떵찌카).

请出示护照(入境登记卡)。

Qǐng chūshì hùzhào(rùjìng dēngjìkǎ).

▸ (여권) 여기 있습니다.

(후짜오) 짜이 쩔.

（护照）在这儿。

(Hùzhào) zài zhèr.

> 루찡 떵찌카
> 입국 신고서 入境登记卡
> rùjìng dēngjìkǎ

▸▸ 중국에 오신 목적은 무엇입니까?

라이 쭝구어 더 무띠 스 선머?

来中国的目的是什么?

Lái Zhōngguó de mùdì shì shénme?

▸ 관광차 왔습니다.

뤼여우.

旅游。

Lǚyóu.

꽁쭈어	추차이	리우쉬에
사업 工作	출장 出差	유학 留学
gōngzuò	chūchāi	liúxué

▸▸ 중국에서 얼마나 머물 겁니까?

야오 짜이 쭝구어 텅리우 뚜어 지우?
要在中国停留多久?
Yào zài Zhōngguó tíngliú duō jiǔ?

▸ 일주일 정도입니다.

이 거 싱치 주어여우.
一个星期左右。
Yí ge xīngqī zuǒyòu.

이 거 위에
한 달 一个月
yí ge yuè

▸▸ 어디에서 머물 계획입니까?

닌 다수안 쭈 날?
您打算住哪儿?
Nín dǎsuan zhù nǎr?

▸ 상하이 허핑 호텔이요.

상하이 허핑 판띠엔.
上海和平饭店。
Shànghǎi Hépíng Fàndiàn.

▸▸ 중국에는 몇 번째 방문입니까?

쩌 스 니 띠 지 츠 라이 쭝구어 더?
这是你第几次来中国的?
Zhè shì nǐ dì jǐ cì lái Zhōngguó de?

| 이건 덤~ |

입국 심사대에서 하는 질문은 대부분 중국에 온 목적, 체류 기간, 숙박 장소이
다. 입국 신고서는 영문이나 중문으로 작성해서 제출한다.

▶ 처음입니다.

띠 이 츠.
第一次。
Dì-yī cì.

수하물 찾기

▶ 수하물 찾는 곳은 어디입니까?

싱리 링취추 짜이 날?
行李领取处在哪儿?
Xíngli lǐngqǔchù zài nǎr?

▶ 제 짐을 찾을 수가 없습니다.

워 자오 부 따오 워 더 싱리.
我找不到我的行李。
Wǒ zhǎo bu dào wǒ de xíngli.

▶▶ 어느 비행기를 타고 오셨습니까?

나 츠 항빤?
哪次航班?
Nǎ cì hángbān?

▶ 아시아나항공 OZ332편입니다.

한야 항콩 OZ 싼 싼 얼 빤찌.
韩亚航空OZ332班机。
Hányà Hángkōng OZ sān sān èr bānjī.

▶ 이것은 제 수하물표입니다.

쩌 스 워 더 싱리파이.

这是我的行李牌。

Zhè shì wǒ de xínglipái.

▶ 이것이 제 짐입니다. 감사합니다.

쩌 스 워 더 싱리, 시에시에.

这是我的行李，谢谢。

Zhè shì wǒ de xíngli, xièxie.

공항 벗어나기

▶ 말씀 좀 묻겠습니다. 택시 타는 곳이 어딥니까?

칭원, 짜이 날 쭈어 추쭈처?

请问，在哪儿坐出租车？

Qǐngwèn, zài nǎr zuò chūzūchē?

▶ 기사님! 왕푸징으로 갑시다.

스푸! 따오 왕푸징.

师傅！到王府井。

Shīfu! Dào Wángfǔjǐng.

▶ 공항버스 정류장은 어디에 있습니까?

찌창 빠스짠 짜이 날?

机场巴士站在哪儿？

Jīchǎng bāshìzhàn zài nǎr?

▶▶ 어디로 가시는데요?

닌 야오 취 날?
您要去哪儿?
Nín yào qù nǎr?

▶ 인허 호텔로 갑니다.

취 인허 삔관.
去银河宾馆。
Qù Yínhé Bīnguǎn.

즈찐청
자금성 紫禁城
Zǐjìnchéng

▶▶ 그렇다면 3번 노선을 타세요.

나머, 닌 쭈어 찌창 싼 시엔.
那么，您坐机场三线。
Nàme, nín zuò jīchǎng sān xiàn.

▶ 요금은 얼마입니까?

퍄오쨔 뚜어사오 치엔?
票价多少钱?
Piàojià duōshao qián?

▶ 한 장 주세요.

야오 이 짱.
要一张。
Yào yì zhāng.

공항 이용

비행기 페이찌	항공권 찌퍄오	여권 후짜오	비자 치엔쩡
飞机	机票	护照	签证
fēijī	jīpiào	hùzhào	qiānzhèng

국내선 항공 구어네이시엔	국제선 항공 구어찌시엔
国内线	国际线
guónèixiàn	guójìxiàn

창가쪽 좌석 카오 촹 쭈어웨이	복도쪽 좌석 카오 따오 쭈어웨이
靠窗座位	靠道座位
kào chuāng zuòwèi	kào dào zuòwèi

탑승권 떵찌파이	이륙 치페이	도착 따오다	승무원 청우위엔
登机牌	起飞	到达	乘务员
dēngjīpái	qǐfēi	dàodá	chéngwùyuán

스튜어디스 콩(쭝 샤오)지에	스튜어드 콩쭝 사오예
空(中小)姐	空中少爷
kōng(zhōng xiǎo)jiě	kōngzhōng shàoye

비즈니스 클래스 상우창	이코노미 클래스 찡찌창
商务舱	经济舱
shāngwùcāng	jīngjìcāng

퍼스트 클래스 터우덩창

头等舱
tóuděngcāng

좌석번호 쭈어웨이 하오마

座位号码
zuòwèi hàomǎ

수하물 보관증 싱리파이

行李牌
xínglipái

멀미봉투 칭지에따이

清洁袋
qīngjiédài

구명조끼 찌우성이

救生衣
jiùshēngyī

비상구 진지 추커우

紧急出口
jǐnjí chūkǒu

기내식 찌찬

机餐
jīcān

비행기 멀미 윈찌

晕机
yùnjī

멀미약 윈찌야오

晕机药
yùnjīyào

수하물 수령대 싱리 링취추

行李领取处
xíngli lǐngqǔchù

휴대품 수이선 싱리

随身行李
suíshēn xíngli

공항버스 찌창 빠스

机场巴士
jīchǎng bāshì

짐 싱리

行李
xíngli

안전벨트 안취엔따이

安全带
ānquándài

세관 하이꽌

海关
hǎiguān

검역 지엔이

检疫
jiǎnyì

택시 승강장 추쭈 치처짠

出租汽车站
chūzū qìchēzhàn

카트 서우투이처

手推车
shǒutuīchē

출국 신고서 추찡 떵찌카

出境登记卡
chūjìng dēngjìkǎ

입국 신고서 루찡 떵찌카

入境登记卡
rùjìng dēngjìkǎ

2 ▶ 중국에서 안심하고 잠자기

칭원……

请问……

Qǐngwèn……

'실례합니다만'이라는 의미로 누군가에게 용건이 있을 때 상대방의 주의를 환기시키기 위해 쓰인다.

예 **실례합니다만, 빈방 있습니까?**

칭원, 여우 콩 팡찌엔 마?
请问，有空房间吗？
Qǐngwèn, yǒu kōng fángjiān ma?

숙소 종류

➤ **호텔급 숙소:** 饭店(fàndiàn · 판띠엔),
　　　　　　　酒店(jiǔdiàn · 지우띠엔),
　　　　　　　宾馆(bīnguǎn · 삔관) 등

➤ **그 외:** 旅馆(lǚguǎn · 뤼관),
　　　　　旅社(lǚshè · 뤼서),
　　　　　招待所(zhāodàisuǒ · 짜오따이수어) 등

▲ 5성급 호텔 일반적으로
5성급 호텔의 시설이 가장 좋다.

판띠엔, 지우띠엔, 삔관은 명칭만 다를 뿐 우리나라에서 호텔이라고 부르는 여러 가지 숙박업소의 다른 이름이다. 뤼관, 뤼서, 짜오따이수어의 경우 호텔급이 아니므로 시설이 좋은 편은 아니며 사기, 절도 등의 위험 요소가 많다. 또 짜오따이수어는 외국인의 숙박을 법적으로 허용하지 않고 있다.

- **호텔 등급**: 별(星)로 표시한다. 최근 6성급 호텔이 생기기는 했지만, 일반적으로 5성급 호텔이 가장 좋다. 하지만 지방 도시에서는 5성급이라도 그 시설이 베이징이나 상하이 등 대도시의 3성급에도 못 미치는 경우도 있다.

- **방 종류**: 일반실(标准房·빠오준팡), 특실(豪华房·하오화팡), 1인실(单人间·딴런찌엔), 2인실(双人间·쑹런찌엔) 등이 있다.

▲ **짜오따이수어 입구와 객실** 짜오따이수어에서는 물건을 도난당하기 쉬우니 주의해야 한다.

숙소 잡는 법

- **안전한 숙소를 구하려면**: 여행지에서 지도를 사면 그 지역의 교통 노선과 유명한 관광지, 호텔이 간단하게 소개되어 있으니 지도에 나와 있는 호텔을 이용하는 것이 비교적 안전하다.

- **유명 대학의 기숙사 이용**: 대학의 외국인 전용 기숙사는 하루 40~80위안 정도의 싼 가격에 이용할 수 있다. 각 기숙사별로 욕실이 포함된 곳도 있고, 공용인 곳도 있으니 기숙사에 들어가서 프런트에 물어보자.

▲ **외국인 전용 기숙사**는 1인 1실, 2인 1실이 있다.

중국 호텔에는 도미토리 객실(多人房 duōrénfáng ·뚜어런팡)이 있는 곳도 있다. 모든 호텔에 있는 것은 아니니 프런트에 물어보고 이용하자.

▲ 침대가 4개에서 10개까지 있는
도미토리 객실

➤ **구조**: 큰 방에 침대가 4개에서 10개까지 놓여 있다. 욕실이 딸린 4인실도 있고, 욕실과 화장실을 공동으로 사용하는 것도 있다.

➤ **할인받기**: 미리 여행사를 통해 숙소를 예약하면 때로 50%까지 할인을 받을 수도 있으며, 예약을 하지 않더라도 지방의 3성급 호텔 정도면 충분히 가격을 흥정할 수 있다.

➤ **피해야 할 예약일**: 관광지인 경우 성수기(4~10월)와 중국의 명절(5월 1일 노동절의 10일 정도, 10월 1일 국경절의 10일 정도, 음력 1월 1일 춘절의 10일 정도)에는 가격 흥정이 쉽지 않다.

베이징과 상하이 등과 같이 한국 사람이 많이 거주하고 있는 대도시에서는 한인 민박을 이용할 수 있다. 한국 음식, 와이파이 등이 제공되고 가까운 곳을 여행할 수 있는 교통편 예약까지 도와준다. 한국 식당에 비치되어 있는 한인 지역 정

보지를 참고하거나 해당 지역에 거주하는 한국인에게 문의 하면 좀 더 안전한 민박을 이용할 수 있다.

❶ 英文姓: 영문 성

❷ 英文名: 영문 이름

❸ 中文姓名: 중문 성명

❹ 性別: 성별

❺ 出生日期: 출생일자

❻ 国家或地区: 국가 혹은 지역

❼ 房号: 객실 번호

❽ 证件种类: 신분증 종류

❾ 证件号码: 신분증 번호

❿ 选项填写: 선택 사항 기입

⓫ 外国人签证种类、停留 有效期: 외국인 비자 종류, 체류 유효기간

⓬ 台湾居民签注有效期: 대만인 비자 유효기간

⓭ 华侨、香港居民证件有 效期: 화교, 홍콩인 신분증 유효기간

⓮ 入境口岸: 입국항

⓯ 入境日期: 입국일자

⓰ 抵店日期: 체크인 일자

⓱ 离店日期: 체크아웃 일자

⓲ 接待单位: 접대 기관

⓳ 宾馆名称: 호텔명

⓴ 退房时间为中午十二时 正，金钱珠宝及其他贵重 物品必须放置在饭店的保 险箱内，饭店将对任何 遗失不负责任。: 체크아웃 시간은 12시 정각이며, 금품이나 귀중품은 반드시 호텔의 귀중품 보관함에 넣어 두십시오. 분실한 물건에 대해서는 호텔에서 책임지지 않습니다.

CENTRAL HOTEL SHANGHAI 上海中央大饭店	境外人员临时住宿登记表 REGISTRATION FORM OF TEMPORARY RESIDENCE	
请用正楷填写 Please fill in block letters	B/NO._____	
❶ 英文姓 Surname	❷ 英文名 Given name	
❸ 中文姓名 Name in Chinese	❹ 性别 Sex	❺ 出生日期 Date of birth 年 月 日 Y M D
❻ 国家或地区 Country or region	❼ 房号 Room No.	
❽ 证件种类 Type of travel document	❾ 证件号码 No. of travel document	
选填 ⓫ 外国人签证种类、停留有效期		
Choice	Foreigner type of visa and date of expiry	
⓬ 台湾居民签注有效期		
People from TW. validity of endorsement		
⓭ 华侨、澳港居民证件有效期		
Fill	Overseas Chinese and people from HK and MO. validity of document	
⓮ 入境口岸 Port of entry	⓯ 入境日期 Date of entry	
⓰ 抵店日期 Date of arrival	⓱ 离店日期 Date of departure	
⓲ 接待单位 Received by	⓳ 酒店 Hotel 王宝和大酒店 CENTRAL HOTEL SHANGHAI	

Mr./Mrs./Ms.	Arr. date
Room	Dep. date

RATE	+15% Service Charge	Deposit
退房时间为中午十二时正，金钱珠宝及其他贵重物品必须放置 在饭店保险箱内，饭店将对任何遗失不负责任。 Check-out time is 12:00 noon. The hotel is not responsible for the safety of any valuables left in guest Rooms.		FORM OF PAYMENT
		☐Cash ☐Diners Club
		☐A.E ☐VISA
		☐M.C ☐JCB
Guest Signature		☐长城卡 ☐支票
		Office Use

이 표현 모르면 **길에서 잠자요!**

빈방 있습니까?

여우 콩 팡찌엔 마?

有空房间吗?

Yǒu kōng fángjiān ma?

1

하루 묵는 데 얼마입니까?

쭈 이 티엔 뚜어사오 치엔?

住一天多少钱?

Zhù yì tiān duōshao qián?

2

저는 싱글룸을 원합니다.

워 야오 딴런팡.

我要单人房。

Wǒ yào dānrénfáng.

3

방을 먼저 볼 수 있습니까?

커이 시엔 칸칸 팡찌엔 마?

可以先看看房间吗?

Kěyǐ xiān kànkan fángjiān ma?

4

신용카드로 계산해도 됩니까?

커이 용 신용카 쯔푸 마?

可以用信用卡支付吗?

Kěyǐ yòng xìnyòngkǎ zhīfù ma?

5

비즈니스 센터는 어디에 있습니까?

칭원, 상우 쭝신 짜이 날?

请问，商务中心在哪儿?

Qǐngwèn, shāngwù zhōngxīn zài nǎr?

여기는 503호실입니다.

쩌리 스 우 링 싼 하오.

这里是五零三号。

Zhèlǐ shì wǔ líng sān hào.

에어컨이 고장 난 것 같습니다.

콩탸오 하오샹 여우 원티.

空调好像有问题。

Kōngtiáo hǎoxiàng yǒu wèntí.

택시를 한 대 불러 주세요.

칭 쨔오 이 량 추쭈처.

请叫一辆出租车。

Qǐng jiào yí liàng chūzūchē.

체크아웃을 하고 싶습니다.

워 샹 투이팡.

我想退房。

Wǒ xiǎng tuìfáng.

예약하기

▸ 방을 예약하고 싶습니다.

워 야오 띵 이 거 팡찌엔.

我要订一个房间。

Wǒ yào dìng yí ge fángjiān.

▸ 싱글룸을 하나 예약하고 싶습니다.

워 야오 띵 이 찌엔 딴런팡.

我要订一间单人房。

Wǒ yào dìng yì jiān dānrénfáng.

▸▸ 언제쯤 도착하시나요?

니 따까이 지 디엔 따오?

你大概几点到？

Nǐ dàgài jǐ diǎn dào?

▸ 오후 5시쯤 도착합니다.

샤우 우 디엔 주어여우.

下午五点左右。

Xiàwǔ wǔ diǎn zuǒyòu.

▸ 아침 식사가 포함된 트윈룸 하나 부탁합니다.

워 야오 이 찌엔 쐉런팡, 빠오쿠어 자오찬 더.

我要一间双人房，包括早餐的。

Wǒ yào yì jiān shuāngrénfáng, bāokuò zǎocān de.

▸ 실례합니다. 빈방 있습니까?

칭원, 여우 콩 팡찌엔 마?

请问，有空房间吗？

Qǐngwèn, yǒu kōng fángjiān ma?

▸▸ 예약하셨습니까?

닌 위띵 러 마?

您预订了吗？

Nín yùdìng le ma?

▸ 예약하지 않았습니다.

메이여우 위띵.

没有预订。

Méiyǒu yùdìng.

▸▸ 몇 분이십니까?

니먼 지 웨이?

你们几位？

Nǐmen jǐ wèi?

▶ 두 명입니다.

량 거 런.

两个人。

Liǎng ge rén.

셋	싼 三 sān	다섯	우 五 wǔ

방 종류 선택하기

▶▶ 어떤 방을 원하십니까?

닌 야오 선머 팡찌엔?

您要什么房间?

Nín yào shénme fángjiān?

▶ 트윈룸이요.

워 야오 쌍런팡.

我要双人房。

Wǒ yào shuāngrénfáng.

싱글룸	딴런팡 单人房 dānrénfáng	스위트룸	타오팡 套房 tàofáng

▶▶ 일반실을 원하십니까, 특실을 원하십니까?

닌 야오 뺘오준팡 하이스 하오화팡?

您要标准房还是豪华房?

Nín yào biāozhǔnfáng háishi háohuáfáng?

▶ 일반실이요.

워 야오 뺘오준팡.

我要标准房。

Wǒ yào biāozhǔnfáng.

▸ 방을 한번 봐도 될까요?

워 커이 칸칸 팡찌엔 마?

我可以看看房间吗?

Wǒ kěyǐ kànkan fángjiān ma?

가격 흥정하기

▸ 하루 묵는 데 얼마입니까?

쭈 이 티엔 뚜어사오 치엔?

住一天多少钱?

Zhù yì tiān duōshao qián?

▸▸ 400위안입니다. 며칠 묵으실 예정입니까?

쓰바이 위엔(콰이). 닌 쭈 지 티엔?

四百元(块)。您住几天?

Sìbǎi yuán(kuài). Nín zhù jǐ tiān?

▸ 이틀이요.

워 야오 쭈 량 티엔.

我要住两天。

Wǒ yào zhù liǎng tiān.

3일	싼 티엔 三天 sān tiān

▸ 방값에 아침 식사가 포함됩니까?

팡페이 빠오쿠어 자오찬 마?

房费包括早餐吗?

Fángfèi bāokuò zǎocān ma?

세금	수이찐 税金 shuìjīn

79

▶ 너무 비싸요. 좀 싸게 해 주세요.

타이 꾸이 러, 피엔이 디알 바.

太贵了，便宜点儿吧。

Tài guì le, piányi diǎnr ba.

▶▶ 좋습니다. 20% 할인해 드리겠습니다.

커이. 워먼 게이 닌 다 빠 저.

可以。我们给您打八折。

Kěyǐ. Wǒmen gěi nín dǎ bā zhé.

▶ 그래도 좀 비싼데요. 좀 더 싼 방은 없나요?

하이스 여우디알 꾸이. 여우 메이여우 껑 피엔이 더 팡찌엔?

还是有点儿贵。有没有更便宜的房间？

Háishi yǒudiǎnr guì. Yǒu méiyǒu gèng piányi de fángjiān?

숙박 카드 작성하기

▶▶ 이 카드를 작성해 주세요.

칭 닌 티엔 이샤 쩌 짱 뱌오거.

请您填一下这张表格。

Qǐng nín tián yíxià zhè zhāng biǎogé.

| 이건 덤~ |

호텔 숙박비에 조식이 포함되는지 한번 물어보고 포함
된다면 미리 조식 쿠폰(早餐券 zǎocānquàn·자오찬취엔)
을 챙겨 두자.

▲ 뷔페식으로 제공되는 호텔 조식

▸ 어떻게 쓰는지 가르쳐 주세요.

칭 까오수 워 전머 시에.

请告诉我怎么写。

Qǐng gàosu wǒ zěnme xiě.

▸ 이렇게 쓰면 되나요?

쩌양 시에 커이 마?

这样写可以吗?

Zhèyàng xiě kěyǐ ma?

▸ 어떤 것을 써야 합니까?

티엔 나시에 너?

填哪些呢?

Tián nǎxiē ne?

▸▸ 영문 성명과 국적, 여권 번호를 적으시면 됩니다.

티엔시에 잉원 싱밍, 구어지 허 후짜오 하오마 찌우 커이.

填写英文姓名，国籍和护照号码就可以。

Tiánxiě Yīngwén xìngmíng, guójí hé hùzhào hàomǎ jiù kěyǐ.

▸ 다 썼습니다.

워 시에하오 러.

我写好了。

Wǒ xiěhǎo le.

| 이건 덤~ |

체크인 할 때 보증금(押金 yājīn·야찐)을 요구하면 지불하고 영수증을 잘 보관했다가 체크아웃 할 때 보증금을 받는다. 보증금은 신용카드로 결제해도 된다. 보증금으로 승인한 금액은 체크아웃 시 취소해 주므로 돌려받지 못할까 봐 걱정하지 않아도 된다.

룸서비스

모닝콜 부탁하기

▶ 프런트인가요? 여기는 805호입니다.

종타이 마? 쩌 스 빠 링 우 하오 팡찌엔.

总台吗？ 这是805号房间。

Zǒngtái ma? Zhè shì bā líng wǔ hào fángjiān.

▶▶ 필요한 게 있으신가요?

여우 선머 쉬야오 마?

有什么需要吗？

Yǒu shénme xūyào ma?

▶ 모닝콜을 부탁하고 싶습니다.

워 야오 이 거 쨔오싱 띠엔화.

我要一个叫醒电话。

Wǒ yào yí ge jiàoxǐng diànhuà.

▶▶ 네, 몇 시에 깨워 드릴까요?

커이, 닌 야오 선머 스허우?

可以， 您要什么时候？

Kěyǐ, nín yào shénme shíhou?

▸ 내일 아침 7시에요.

밍티엔 자오상 치 디엔.

明天早上七点。

Míngtiān zǎoshang qī diǎn.

▸ 아침 식사는 몇 시부터죠? 어디에서 하나요?

자오찬 지 디엔 카이스? 짜이 선머 띠팡?

早餐几点开始？在什么地方？

Zǎocān jǐ diǎn kāishǐ? Zài shénme dìfang?

▸▸ 7시부터 시작하고, 1층입니다.

치 디엔 카이스, 짜이 이 러우.

七点开始，在一楼。

Qī diǎn kāishǐ, zài yī lóu.

▸ 어떤 음식이 있나요?

여우 선머 차이?

有什么菜？

Yǒu shénme cài?

▸ 내일 아침에 식사를 방으로 갖다주시겠습니까?

밍티엔 자오상 바 자오찬 쏭따오 워 더 팡찌엔, 하오 마?

明天早上把早餐送到我的房间，好吗？

Míngtiān zǎoshang bǎ zǎocān sòngdào wǒ de fángjiān, hǎo ma?

▸▸ 몇 호실입니까?

지 하오 팡찌엔?

几号房间?

Jǐ hào fángjiān?

기타 문의하기

▸ 비즈니스 센터는 몇 층에 있습니까?

칭원, 상우 쭝신 짜이 지 러우?

请问，商务中心在几楼？

Qǐngwèn, shāngwù zhōngxīn zài jǐ lóu?

커피숍	카페이팅 咖啡厅 kāfēitīng
PC방	왕빠 网吧 wǎngbā

▸ 엘리베이터는 어디에 있습니까?

띠엔티 짜이 날?

电梯在哪儿？

Diàntī zài nǎr?

식당	찬팅 餐厅 cāntīng

▸ 그곳에서는 인터넷을 할 수 있습니까?

짜이 날 커이 상왕 마?

在那儿可以上网吗？

Zài nàr kěyǐ shàngwǎng ma?

팩스를 보내다	파 촨쩐 发传真 fā chuánzhēn

| 이건 덤~ |

3성급 이상의 호텔에는 비즈니스 센터가 있으며 그곳에서 팩스를 보내거나
인터넷, 복사 등을 할 수 있다.

▶ 테니스를 치고 싶습니다.

워 야오 다 왕치우.
我要打网球。
Wǒ yào dǎ wǎngqiú.

여우용		리파	
수영	游泳	이발	理发
	yóuyǒng		lǐfà

쭈어 안모	
안마를 받다	做按摩
	zuò ànmó

▶ 국제전화를 걸고 싶습니다.

워 샹 다 거 구어찌 띠엔화.
我想打个国际电话。
Wǒ xiǎng dǎ ge guójì diànhuà.

	창투 띠엔화
시외전화	长途电话
	chángtú diànhuà

환전하기

▶ 환전할 수 있습니까?

쩔 커이 환치엔 마?
这儿可以换钱吗?
Zhèr kěyǐ huànqián ma?

▶ 달러를 인민폐로 바꾸려고 합니다.

워 야오 바 메이위엔 환청 런민삐.
我要把美元换成人民币。
Wǒ yào bǎ měiyuán huànchéng rénmínbì.

	한삐
한화	韩币
	hánbì

▶▶ 얼마나 바꾸십니까?

환 뚜어사오?
换多少?
Huàn duōshao?

▲ 환전소가 갖추어져 있는 호텔

열쇠를 두고 나왔을 때

▶ 이곳 책임자는 어디에 있습니까?

찡리 짜이 날?

经理在哪儿?

Jīnglǐ zài nǎr?

▶▶ 무슨 일이십니까?

여우 선머 설?

有什么事儿?

Yǒu shénme shìr?

▶ 룸카드를 방 안에 두고 나왔습니다.

워 바 팡찌엔카 왕짜이 팡찌엔 리 러.

我把房间卡忘在房间里了。

Wǒ bǎ fángjiānkǎ wàngzài fángjiān li le.

▶ 303호입니다. 빨리 좀 해결해 주시겠습니까?

워 스 싼 링 싼 하오. 콰이 디알, 하오 마?

我是三零三号。快点儿，好吗?

Wǒ shì sān líng sān hào. Kuài diǎnr, hǎo ma?

⇥ 걱정하지 마십시오. 바로 열어 드리겠습니다.

부용 딴신. 워 마상 게이 닌 카이 먼.

不用担心。我马上给您开门。

Búyòng dānxīn. Wǒ mǎshang gěi nín kāi mén.

▶ 예, 감사합니다.

하오 더, 시에시에.

好的，谢谢。

Hǎo de, xièxie.

객실 트러블

▶ 에어컨이 고장 났습니다.

콩탸오 여우 마오삥.

空调有毛病。

Kōngtiáo yǒu máobìng.

히터	눤치 暖气 nuǎnqì	텔레비전	띠엔스 电视 diànshì

▶ 방이 너무 춥습니다.

팡찌엔 타이 렁 러.

房间太冷了。

Fángjiān tài lěng le.

어둡다	안 暗 àn

▶ 온수가 안 나옵니다.

메이여우 러수이.

没有热水。

Méiyǒu rèshuǐ.

▶ 전등이 안 들어옵니다.

띠엔떵 부 량.

电灯不亮。

Diàndēng bú liàng.

▶ 휴지가 떨어졌습니다.

웨이성즈 메이여우 러.

卫生纸没有了。

Wèishēngzhǐ méiyǒu le.

▶ 변기가 막혔습니다.

마통 두쭈 러.

马桶堵住了。

Mǎtǒng dǔzhù le.

▶ 뜨거운 물은 어디에 있습니까?

카이수이 짜이 날?

开水在哪儿?

Kāishuǐ zài nǎr?

▶ 다른 방으로 바꿔 주세요.

워 야오 환 팡찌엔.

我要换房间。

Wǒ yào huàn fángjiān.

| 이건 덤~ |

중국의 호텔이나 여관 등 숙박 시설의 체크아웃 시간은 일반적으로 다음날 낮 12시까지이나, 호텔에 따라 시간이 다를 수 있으니 사전에 잘 확인해야 한다.

체크아웃

체크아웃

▶ 실례합니다. 몇 시에 체크아웃을 합니까?

칭원, 투이팡 스찌엔 스 지 디엔?
请问，退房时间是几点？
Qǐngwèn, tuìfáng shíjiān shì jǐ diǎn?

▶ 오늘 체크아웃 하려고 합니다.

워 샹 찐티엔 투이팡.
我想今天退房。
Wǒ xiǎng jīntiān tuìfáng.

▶ 신용카드를 사용해도 될까요?

워 커이 용 신용카 쯔푸 마?
我可以用信用卡支付吗？
Wǒ kěyǐ yòng xìnyòngkǎ zhīfù ma?

현금	시엔찐 现金 xiànjīn	달러	메이찐 美金 měijīn
여행자수표	뤼싱 쯔퍄오 旅行支票 lǚxíng zhīpiào		

▶▶ 됩니다. 잠시만 기다려 주세요.

커이, 칭 덩 이샤.
可以，请等一下。
Kěyǐ, qǐng děng yíxià.

▶▶ 숙박 카드를 가지고 계십니까?

닌 여우 쭈팡카 마?

您有住房卡吗?

Nín yǒu zhùfángkǎ ma?

▶ 여기 있습니다. 모두 얼마입니까?

짜이 쩔, 이꽁 뚜어사오 치엔?

在这儿，一共多少钱?

Zài zhèr, yígòng duōshao qián?

▶ 하루 더 묵을 수 있을까요?

워 샹 뚜어 쭈 이 티엔, 싱 마?

我想多住一天，行吗?

Wǒ xiǎng duō zhù yì tiān, xíng ma?

▶ 하루 일찍 체크아웃 하고 싶습니다.

워 야오 티치엔 이 티엔 투이팡.

我要提前一天退房。

Wǒ yào tíqián yì tiān tuìfáng.

계산서 확인

▶ 이것은 무슨 비용입니까?

쩌 스 선머 페이용?

这是什么费用?

Zhè shì shénme fèiyòng?

▸▸ 이것은 손님께서 객실에서 드신 음료비입니다.

쩌 스 닌 짜이 팡찌엔 리 허 더 인랴오페이.

这是您在房间里喝的饮料费。

Zhè shì nín zài fángjiān li hē de yǐnliàofèi.

▸ 아, 그렇군요. 그럼 이건요?

아, 쩌양 아. 나머 쩌거 너?

啊，这样啊。那么这个呢？

À, zhèyàng a. Nàme zhège ne?

▸▸ 시외전화를 사용한 적 있습니까?

닌 다구어 창투 띠엔화 마?

您打过长途电话吗？

Nín dǎguo chángtú diànhuà ma?

▸ 사용한 적 없습니다.

메이 다구어.

没打过。

Méi dǎguo.

▸ 계산이 잘못된 것 같습니다.

니먼 하오샹 쏸추어 러.

你们好像算错了。

Nǐmen hǎoxiàng suàncuò le.

▸▸ 잠시만 기다려 주세요. 다시 확인해 보겠습니다.

칭 덩 이샤, 워 짜이 칸칸.

请等一下，我再看看。

Qǐng děng yíxià, wǒ zài kànkan.

숙박 시설

이 근처에 [   ] 가 있습니까?

쩔 푸찐 여우 　　　　　　마?

这儿附近有 [   ] 吗?

Zhèr fùjìn yǒu [   ] ma?

호텔 판띠엔 饭店 fàndiàn	호텔 지우띠엔 酒店 jiǔdiàn	호텔 삔관 宾馆 bīnguǎn	호텔 따사 大厦 dàshà
여관 뤼관 旅馆 lǚguǎn	여관 뤼서 旅社 lǚshè	초대소 짜오따이수어 招待所 zhāodàisuǒ	기숙사 쑤서 宿舍 sùshè

체크인

예약 위띵 预订 yùdìng	체크인 떵찌 登记 dēngjì	체크아웃 투이팡(찌엔) 退房(间) tuìfáng(jiān)	숙박 카드 떵찌카 登记卡 dēngjìkǎ

할인 다저	보증금 야찐	금고 바오시엔샹	국적 구어지
打折	押金	保险箱	国籍
dǎzhé	yājīn	bǎoxiǎnxiāng	guójí

여권 번호 후짜오 하오마	객실 번호 팡찌엔 하오마
护照号码	房间号码
hùzhào hàomǎ	fángjiān hàomǎ

서명 치엔밍	취소 취샤오	신분증 쩡찌엔	기재하다 티엔
签名	取消	证件	填
qiānmíng	qǔxiāo	zhèngjiàn	tián

숙박부 커팡딴	비용 페이용	선불 위푸	(짐을)맡기다 찌춘
客房单	费用	预付	寄存
kèfángdān	fèiyòng	yùfù	jìcún

룸서비스

룸서비스 커팡 푸우	열쇠 야오스	룸카드 팡찌엔카	아침 식사 자오찬
客房服务	钥匙	房间卡	早餐
kèfáng fúwù	yàoshi	fángjiānkǎ	zǎocān

모닝콜 쨔오싱 띠엔화	샌드위치 싼밍쯔	커피 카페이
叫醒电话	三明治	咖啡
jiàoxǐng diànhuà	sānmíngzhì	kāfēi

세탁 시 이(푸)	드라이클리닝 간시	물세탁 수이시	다림질 윈 이푸
洗衣(服)	干洗	水洗	熨衣服
xǐ yī(fu)	gānxǐ	shuǐxǐ	yùn yīfu

세탁 바구니 시이따이	팁 푸우페이	팩스 촨쩐
洗衣袋	服务费	传真
xǐyīdài	fúwùfèi	chuánzhēn

███████ 좀 가져다주시겠어요?

칭 게이 워 쏭 　　하오 마?

请给我送 ███████ 好吗？

Qǐng gěi wǒ sòng ███████ hǎo ma?

침대 커버 촹짜오	보온병 러수이핑	모포 마오탄	수건 마오찐
床罩	热水瓶	毛毯	毛巾
chuángzhào	rèshuǐpíng	máotǎn	máojīn

칫솔 야솨	치약 야까오	화장지 웨이셩즈	이불 뻬이즈
牙刷	牙膏	卫生纸	被子
yáshuā	yágāo	wèishēngzhǐ	bèizi

비누 샹짜오	샴푸 시파예	린스 후파쑤	빗 수즈
香皂	洗发液	护发素	梳子
xiāngzào	xǐfàyè	hùfàsù	shūzi

███████ 이 망가졌어요.

화이 러.

███████ 坏了。

███████ huài le.

침대 촹	텔레비전 띠엔스	냉장고 삥샹	히터 놘치
床	电视	冰箱	暖气
chuáng	diànshì	bīngxiāng	nuǎnqì

에어컨 콩탸오 **空调** kōngtiáo	전등 띠엔떵 **电灯** diàndēng	변기 마통 **马桶** mǎtǒng	수도꼭지 수이룽터우 **水龙头** shuǐlóngtóu
리모콘 야오콩치 **遥控器** yáokòngqì	침대 시트 촹딴 **床单** chuángdān	매트리스 촹띠엔 **床垫** chuángdiàn	욕조 위깡 **浴缸** yùgāng
세면대 시리엔펀 **洗脸盆** xǐliǎnpén	드라이어 추이펑찌 **吹风机** chuīfēngjī	전기면도기 띠엔똥 티쉬따오 **电动剃须刀** diàndòng tìxūdāo	

는 어디에 있습니까?

짜이 날?

在哪儿?

zài nǎr?

수영장 여우용츠 **游泳池** yóuyǒngchí	미용실 메이룽스 **美容室** měiróngshì	사우나 쌍나 **桑拿** sāngná	나이트클럽 예종후이 **夜总会** yèzǒnghuì
술집, 바 지우빠 **酒吧** jiǔbā	화장실 시서우찌엔 **洗手间** xǐshǒujiān	비즈니스 센터 샹우 쭝신 **商务中心** shāngwù zhōngxīn	
볼링장 바오링치우관 **保龄球馆** bǎolíngqiúguǎn	헬스클럽 찌엔선팡 **健身房** jiànshēnfáng	프런트 종타이 **总台** zǒngtái	

로비 따팅	매점 샤오마이뿌	커피숍 카페이팅	환전소 뚸이환추
大厅	**小卖部**	**咖啡厅**	**兑换处**
dàtīng	xiǎomàibù	kāfēitīng	duìhuànchù

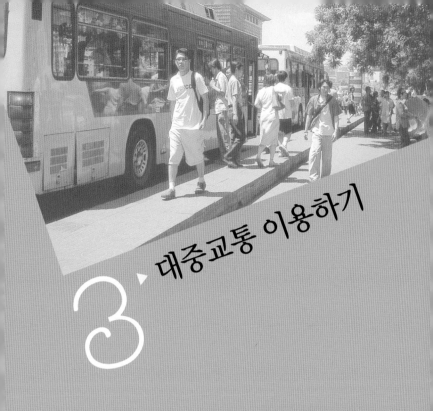

3. 대중교통 이용하기

따오……

到……

Dào……

'~에 갑니다'라는 의미로 차를 타서 기사나 매표원에게 도착지를 말할 때 쓰는 표현이다.

예 이허위엔이요.

따오 이허위엔.

到颐和园。

Dào Yíhéyuán.

천안문에 갑니다.

따오 티엔안먼.

到天安门。

Dào Tiān'ānmén.

추쭈 치처

택시 出租汽车

chūzū qìchē

▲ 중국의 택시에는 운전기사를 강도로부터 보호하기 위한 보호창이 설치되어 있다.

베이징이나 상하이와 같은 대도시는 중형 택시를 보급하여 지금은 택시 문화가 아주 선진화되어 있다. 특히 손님이 요구하는 곳은 어느 곳이든지 안전하게 데려다주기 때문에 여행객들에게 아주 편하다. 또, 영수증에 시간과 거리가 모두 기록되기 때문에 바가지 요금이나 부정 운행이 거의 없으니 안심하고 이용할 수 있다.

➤ **요금:** 요금은 도시마다 차이가 있다. 베이징의 경우 기본 요

금이 13위안이고 할증 요금은 1km당 2.3위안이다. 연료비 명목으로 따로 1위안을 받는다. (기본 요금과 할증 요금은 도시마다 약간씩 차이가 있다.)

▲ 중국의 택시는 차종에 따라 할증 요금이 다르게 적용된다.

버스 公共汽车
꽁꽁 치처
gōnggòng qìchē

처음 가 보는 곳도 버스 이용이 용이한 이유는 각 지역의 관광 지도마다 버스 노선이 표시되어 있기 때문이다. 그래서 택시를 타지 않고도 가고자 하는 곳에 쉽게 찾아갈 수 있다. 요금은 버스 안의 요금함에 넣거나 매표원이 있는 경우 매표원에게 표를 사면 된다.

➤ **종류**: 트롤리 버스(땅 위의 레일이나 지붕 위의 전선줄을 따라서 운행하는 버스), 일반 버스, 이층 버스, 굴절 버스(두 량이 연결된 버스) 등이 있다.

➤ **기본 요금**: 1~3위안으로 버스 종류에 따라 다소 차이가 있고, 기본 구간이 넘어가면 요금을 더 받는다.

중국에서는 노선 표시를 '路'로 한다. 예를 들어 '375路'라고 하면 '375번'을 뜻한다.

▼ 이층 버스
▼ 굴절 버스

지하철 地铁 ^{띠티에} dìtiě

▲ 지하철을 이용하는 베이징 시민들

베이징, 상하이, 광저우 등과 같은 대도시에는 지하철이 잘 발달되어 있다. 노선이 많고 복잡하기 때문에 환승지 및 목적지를 정확히 확인하고 탑승해야 한다. 본 책의 부록을 통해 지하철 노선을 확인할 수 있는 애플리케이션 정보를 참고하자.

➤ **기본 요금:** 거리에 따라 2~8위안 사이이며, 도시마다 기본 요금이 다르게 책정되어 있다.

기차 火车 ^{후어처} huǒchē

중국은 영토가 넓은 관계로 도시간 이동에 긴 시간이 소요되기 때문에 기차를 많이 이용한다.

➤ **고속열차의 종류**

까오티에(高铁 gāotiě): 최고 300km/h에 달하는 속도로 운행하며, 가격도 가장 비싸다. 열차번호가 G로 시작한다.

청찌똥처(城际动车 chéngjì dòngchē): 까오티에처럼 최고 300km/h의 속도로 운행하며, 거리가 200km 이하인 주요 도시를 연결하는 열차이다. 열차번호가 C로 시작한다.

똥처(动车 dòngchē): 최고 250km/h의 속도로 운행하며 열차번호가 D로 시작한다. 두 철도국 사이를 운행(열차번호 D1~D4000)하기도 하고, 한 철도국 사이(D4501~D7300)를 운행하기도 한다.

➤ 일반열차의 종류

즈다터콰이(**直达特快** zhídá tèkuài): 대도시 위주의 주요역에 정차하며 최고 160km/h로 운행한다. 열차번호가 Z로 시작한다.

터콰이(**特快** tèkuài): 주로 성(省)급의 역에 정차하며 열차번호가 T로 시작한다.

콰이쑤(**快速** kuàisù): 주로 지(地)급의 역에 정차하며 열차번호가 K로 시작한다.

푸콰이(**普快** pǔkuài): 현(县)급의 역에 정차하며 에어컨이 없는 경우도 있다. 열차번호가 알파벳 없이 숫자로만 이루어져 있다.

➤ 기차 좌석의 종류

롼쭈어(软座 ruǎnzuò): 푹신한 의자
잉쭈어(硬座 yìngzuò): 딱딱한 의자
롼워(软卧 ruǎnwò): 푹신한 침대, 4인 1실
잉워(硬卧 yìngwò): 딱딱한 침대, 문이 없는 6인용 객실

비행기 **페이찌** 飞机 fēijī

중국은 각 지방마다 지방 항공사가 운영되고 있다. 여행 거리가 멀다면 중국 국내선을 이용해도 편하지만 출발 시간이 자주 변경되고 요금이 비싸다는 것이 흠이다.

1

비자센터로 가 주세요.

(워 취) 치엔쩡 쭝신.

(我去)签证中心。

(Wǒ qù) qiānzhèng zhōngxīn.

2

얼마나 걸립니까?

쉬야오 뚜어 창 스찌엔?

需要多长时间?

Xūyào duō cháng shíjiān?

3

여기에서 세워 주세요.

짜이 쩌리 팅 이샤.

在这里停一下。

Zài zhèli tíng yíxià.

4

이허위엔에 가나요?

따오 이허위엔 마?

到颐和园吗?

Dào Yíhéyuán ma?

5

2장 주세요.

야오 량 짱.

要两张。

Yào liǎng zhāng.

6

내려야 해요.

워 야오 샤 처.

我要下车。

Wǒ yào xià chē.

7

상하이역은 어떻게 갑니까?

상하이 짠 전머 저우?

上海站怎么走?

Shànghǎi Zhàn zěnme zǒu?

8

매표소가 어디입니까?

칭원, 서우퍄오추 짜이 날?

请问，售票处在哪儿?

Qǐngwèn, shòupiàochù zài nǎr?

9

상하이행 기차표 있습니까?

여우 메이여우 취 상하이 더 후어처퍄오?

有没有去上海的火车票?

Yǒu méiyǒu qù Shànghǎi de huǒchēpiào?

10

딱딱한 침대표를 주십시오.

워 야오 잉워 퍄오.

我要硬卧票。

Wǒ yào yìngwò piào.

택시 타기

목적지 말하기

➡ 어디까지 가십니까?

닌 야오 취 날?
您要去哪儿?
Nín yào qù nǎr?

▶ 위위엔이요.

위위엔.
豫园。
Yùyuán.

라오서 차관	老舍茶馆	라오서 차관
		Lǎoshě Cháguǎn
투수 빌딩	图书大厦	투수 따사
		Túshū Dàshà

▶ 이 주소로 가 주세요.

워 취 쩌거 띠즈.
我去这个地址。
Wǒ qù zhège dìzhǐ.

왕푸징	王府井	왕푸징
		Wángfǔjǐng

▶ 얼마나 걸릴까요?

야오 뚜어 창 스찌엔?
要多长时间?
Yào duō cháng shíjiān?

▸▸ 20분 정도 걸립니다.

따까이 야오 얼스 편쫑.

大概要二十分钟。

Dàgài yào èrshí fēnzhōng.

▸ 트렁크 열어 주세요.

칭 닌 다카이 쳐샹.

请您打开车厢。

Qǐng nín dǎkāi chēxiāng.

▸ 좀 더 빨리 갈 수 없나요?

넝 부 넝 콰이 디알?

能不能快点儿?

Néng bu néng kuài diǎnr?

▲ 대도시의 교통 체증 모습

▸▸ 러시아워입니다. 방법이 없어요.

까오펑 스찌엔, 메이여우 빤파.

高峰时间，没有办法。

Gāofēng shíjiān, méiyǒu bànfǎ.

| 두처 |
| 차가 막히다 堵车 |
| dǔchē |

기사와 대화하기

▸ 만리장성까지 얼마입니까?

따오 완리 창청 야오 뚜어사오 치엔?

到万里长城要多少钱?

Dào Wànlǐ Chángchéng yào duōshao qián?

▸ 미터기를 사용해 주세요.

칭 용 찌청치.
请用计程器。
Qǐng yòng jìchéngqì.

▸ 곧장 가 주세요.

이즈 저우.
一直走。
Yìzhí zǒu.

▸ 우회전해 주세요.

왕 여우 과이.
往右拐。
Wǎng yòu guǎi.

왼쪽	左 주어 zuǒ

▸ 다시 돌아가 주세요.

칭 땨오터우.
请掉头。
Qǐng diàotóu.

▸ 다음 신호등에서 세워 주세요.

칭 짜이 카오찐 샤 이 거 훙뤼떵 팅.
请在靠近下一个红绿灯停。
Qǐng zài kàojìn xià yí ge hónglǜdēng tíng.

▸ 세워 주세요.

팅처 바.
停车吧。
Tíngchē ba.

▶ 내리겠습니다.

워 샤 처.
我下车。
Wǒ xià chē.

▶ 여기에서 세워 주세요.

짜이 쩌리 팅 이샤.
在这里停一下。
Zài zhèli tíng yíxià.

▶▶ 도착했습니다.

따오 러.
到了。
Dào le.

▶ 얼마입니까?

뚜어사오 치엔?
多少钱?
Duōshao qián?

▶▶ 30위안입니다.

싼스 콰이.
30块。
Sānshí kuài.

▸▸ 현금입니까, 아니면 카드입니까?

시엔찐 하이스 쏴카?

现金还是刷卡?

Xiànjīn háishi shuākǎ?

▸ 현금입니다. 여기 있습니다.

시엔찐, 짜이 쩌리.

现金，在这里。

Xiànjīn, zài zhèli.

교통카드 交通卡 짜오통카
jiāotōngkǎ

▸ 영수증을 주세요.

칭 게이 워 파퍄오.

请给我发票。

Qǐng gěi wǒ fāpiào.

▸▸ 영수증 여기 있습니다. 안녕히 가세요!

서우쮜 짜이 쩔. 짜이찌엔!

收据在这。再见!

Shōujù zài zhèr. Zàijiàn!

▲ 택시 영수증

| 이건 덤~ |

대도시가 아닌 지역에서 여러 명이 여행을 할 경우, 택시 기사와 그 지역의 가
볼 만한 여행지를 다 도는 가격을 흥정해서 이용하면 저렴한 가격으로 편하게
여행할 수 있다.

버스 타기

버스 타기

▶ 실례합니다. 베이징역에 가려면 몇 번 버스를 타야 하나요?

칭원, 따오 베이징 짠 잉까이 쭈어 지 루 처?

请问，到北京站应该坐几路车?

Qǐngwèn, dào Běijīng Zhàn yīnggāi zuò jǐ lù chē?

▶ 이 버스는 고궁박물관에 갑니까?

따오 꾸꽁 보우관 마?

到故宫博物馆吗?

Dào Gùgōng Bówùguǎn ma?

시단	시딴 西单 Xīdān
난징루	난징 루 南京路 Nánjīng Lù

▶ 갑니다. 타세요.

따오, 칭 상 처 바.

到，请上车吧。

Dào, qǐng shàng chē ba.

▶ 왕푸징 가는 것 한 장 주세요.

야오 이 짱 따오 왕푸징 더.

要一张到王府井的。

Yào yì zhāng dào Wángfǔjǐng de.

109

▶ 한 장에 얼마입니까?

이 짱 뚜어사오 치엔?
一张多少钱?
Yì zhāng duōshao qián?

▶▶ 1위안입니다.

이 콰이.
一块。
Yí kuài.

▶ 두 장 주세요.

게이 워 량 짱.
给我两张。
Gěi wǒ liǎng zhāng.

버스에서 내릴 때

▶ 이 버스는 시내에 갑니까?

쩌 루 처 따오 스 쭝신 마?
这路车到市中心吗?
Zhè lù chē dào shì zhōngxīn ma?

| 천안문 | 티엔안먼
天安门
Tiān'ānmén |
| 중관촌 | 쭝꽌춘
中关村
Zhōngguāncūn |

▶▶ 안으로 들어가세요!

칭 왕 리 저우!
请往里走!
Qǐng wǎng lǐ zǒu!

▸ 비자센터에 도착하면 알려 주시겠습니까?

따오 치엔쩡 쭝신 스, 칭 쨔오 워 이 성 하오 마?

到签证中心时，请叫我一声好吗？

Dào qiānzhèng zhōngxīn shí, qǐng jiào wǒ yì shēng hǎo ma?

▸▸ 도착했습니다. 내리세요.

따오 러, 샤 처 바.

到了，下车吧。

Dào le, xià chē ba.

▸ 죄송하지만 좀 비켜 주세요. 내려야 해요.

뿌 하오이스, 칭 랑 이샤, 워 야오 샤 처.

不好意思，请让一下，我要下车。

Bù hǎoyìsi, qǐng ràng yíxià, wǒ yào xià chē.

▸ 이런! 역을 지나쳤어요.

짜오까오, 워 쭈어 꾸어 짠 러.

糟糕，我坐过站了。

Zāogāo, wǒ zuò guò zhàn le.

▸ 몇 번으로 갈아타야 하나요?

좐청 지 루?

转乘几路？

Zhuǎnchéng jǐ lù?

| 이건 덤~ |

에어컨이나 온풍기가 작동되는 차량(空调车 kōngtiáochē·콩탸오처)의 경우 요
금이 일반 버스보다 약간 더 비싸다.

111

지하철 타기

표 사기

▸ 시단 지하철역이 어디에 있습니까?

시딴 띠티에짠 짜이 날?
西单地铁站在哪儿?
Xīdān Dìtiězhàn zài nǎr?

▸ 매표소가 어딥니까?

서우퍄오추 짜이 날?
售票处在哪儿?
Shòupiàochù zài nǎr?

▸ 왕푸징까지 가는 표 2장 주세요!

따오 왕푸징 마이 량 짱!
到王府井买两张!
Dào Wángfǔjǐng mǎi liǎng zhāng!

▲ 베이징 지하철 카드

▸ 인민광장에 가려면 몇 호선을 타면 됩니까?

따오 런민광창, 야오 쭈어 지 하오 시엔?
到人民广场, 要坐几号线?
Dào Rénmín Guǎngchǎng, yào zuò jǐ hào xiàn?

▸ **3위안짜리 2장 주세요!**

게이 워 량 짱 싼 콰이 더!
给我两张三块的!
Gěi wǒ liǎng zhāng sān kuài de!

⟩⟩ **자동 매표기를 이용해 주세요.**

칭 용 쯔똥 서우퍄오찌.
请用自动售票机。
Qǐng yòng zìdòng shòupiàojī.

안내 방송

⟩⟩ **다음 역은 왕푸징입니다. 왕푸징으로 가시는 승객 여러분은 내려 주십시오.**

샤 이 짠 스 왕푸징, 취 왕푸징 더 청커, 칭 샤 처.
下一站是王府井, 去王府井的乘客, 请下车。
Xià yí zhàn shì Wángfǔjǐng, qù Wángfǔjǐng de chéngkè, qǐng xià chē.

⟩⟩ **노약자, 환자, 장애인, 임산부, 아이를 안고 있는 손님을 위해 자리를 양보하여 주시기 바랍니다.**

칭 웨이 라오, 루어, 삥, 찬, 윈 지 화이빠오 하이즈 더 청커 랑쭈어.
请为老、弱、病、残、孕及怀抱孩子的乘客让座。
Qǐng wèi lǎo、ruò、bìng、cán、yùn jí huáibào háizi de chéngkè ràngzuò.

| 이건 덤~ |

지하철 노선표를 보고 자신이 가고자 하는 곳이 얼마인지 확인한 다음, 그 금액
에 해당하는 요금을 선택하고 1위안짜리 동전을 투입하면 티켓이 나온다.

▸▸ 2호선으로 갈아타실 손님께서는 준비해 주시기 바랍니다.

환청 얼 하오 시엔 더 청커, 칭 준뻬이.

换乘二号线的乘客，请准备。

Huànchéng èr hào xiàn de chéngkè, qǐng zhǔnbèi.

▸▸ 시단역에 곧 도착합니다. 내리실 분은 준비해 주십시오.

시딴 처짠 찌우 야오 따오 러, 샤 처 더 청커, 칭 닌 쭈어하오 준뻬이.

西单车站就要到了，下车的乘客，请您做好准备。

Xīdān Chēzhàn jiù yào dào le, xià chē de chéngkè, qǐng nín zuòhǎo zhǔnbèi.

출구 찾기

▸ 다음 역은 어디입니까?

샤 짠 스 날?

下站是哪儿?

Xià zhàn shì nǎr?

▸ 중산공원에 가려면 몇 정거장을 더 가야 합니까?

따오 쫑산 꽁위엔 하이 여우 지 짠?

到中山公园还有几站?

Dào Zhōngshān Gōngyuán hái yǒu jǐ zhàn?

▸ 난징루 쪽으로 가는 출구는 어느 방향입니까?

(카오) 난징 루 추커우 짜이 날?

(靠)南京路出口在哪儿?

(Kào) Nánjīng Lù chūkǒu zài nǎr?

▲ 지하철 출구 표지판

기차 타기

표 사기

▸ 오늘 저녁 6시 상하이행 기차표가 있습니까?

여우 찐티엔 완상 리우 디엔쭝 취 상하이 더 후어처퍄오 마?

有今天晚上六点钟去上海的火车票吗?

Yǒu jīntiān wǎnshang liù diǎnzhōng qù Shànghǎi de huǒchēpiào ma?

▸▸ 다 팔렸습니다. 저녁 8시 기차표는 있습니다.

마이완 러. 딴스, 여우 완상 빠 디엔 더.

卖完了。但是, 有晚上8点的。

Màiwán le. Dànshì, yǒu wǎnshang bā diǎn de.

▸ 세 장 주세요.

게이 워 싼 짱.

给我三张。

Gěi wǒ sān zhāng.

▲ 기차표

▸ 침대표 있습니까?

여우 워푸 퍄오 마?

有卧铺票吗?

Yǒu wòpù piào ma?

푹신한 좌석	란쭈어 软座 ruǎnzuò
딱딱한 좌석	잉쭈어 硬座 yìngzuò

⏵⏵ 푹신한 침대와 딱딱한 침대 중 어떤 표를 원하십니까?

니 쉬야오 롼워, 하이스 잉워?

你需要软卧，还是硬卧？

Nǐ xūyào ruǎnwò, háishi yìngwò?

⏵ 딱딱한 침대표 한 장 주세요.

이 짱 잉워 퍄오.

一张硬卧票。

Yì zhāng yìngwò piào.

푹신한 침대	롼워 软卧 ruǎnwò

⏵⏵ 상, 중, 하단 침대 중 어떤 침대를 원합니까?

여우 상, 쭝, 샤푸, 니 야오 선머?

有上、中、下铺，你要什么？

Yǒu shàng、zhōng、xiàpù, nǐ yào shénme?

⏵ 하단 침대로 주세요.

야오 샤푸.

要下铺。

Yào xiàpù.

상단 침대	상푸 上铺 shàngpù
중단 침대	쭝푸 中铺 zhōngpù

⏵ 시안행 기차 요금은 얼마입니까?

취 시안 더 후어처퍄오 뚜어사오 치엔?

去西安的火车票多少钱？

Qù Xī'ān de huǒchēpiào duōshao qián?

| 이건 덤~ |

침대석의 요금은 상단 – 중단 – 하단 순으로 비싸진다. 하단 침대가 제일 넓고 편하지만 외국인 입장에서는 중단이나 상단을 이용해야 도난 위험을 줄일 수 있다.

▶ 침대표로 바꾸고 싶은데 자리 있습니까?

워 샹 환 워푸 퍄오, 여우 쭈어웨이 마?

我想换卧铺票，有座位吗?

Wǒ xiǎng huàn wòpù piào, yǒu zuòwèi ma?

기차 타기

▶ 청두행 기차는 어디에서 개찰합니까?

취 청뚜 더 리에처 짜이 날 지엔퍄오?

去成都的列车在哪儿检票?

Qù Chéngdū de lièchē zài nǎr jiǎnpiào?

▶▶ 9번 개찰구입니다. 개찰이 시작되었으니 역 안으로 들어가세요.

지우 하오 지엔퍄오커우. 이찡 카이스 지엔퍄오 러, 찐 짠 바.

九号检票口。已经开始检票了，进站吧。

Jiǔ hào jiǎnpiàokǒu. Yǐjīng kāishǐ jiǎnpiào le, jìn zhàn ba.

| 이건 덤~ |

기차표 사기

목적지에 가는 기차 선택 ➡ 좌석 종류 결정(롼워, 롼쭈어, 잉워, 잉쭈어 중)
중국어에 자신이 없다면 메모지에 열차 종류와 좌석 종류, 시간 등을 적어서
매표 창구에 보여 주자.

메모 例	北京 → 上海		15:00	特快	硬卧	3张
	출발지	도착지	출발 시간	열차 종류	좌석 종류	사려는 표의 장수

▶ 몇 번 플랫폼에서 타나요?

총 지 하오 짠타이 상 처?

从几号站台上车?

Cóng jǐ hào zhàntái shàng chē?

▶▶ 3번 플랫폼입니다.

싼 하오 짠타이.

三号站台。

Sān hào zhàntái.

▶ 화장실이 어디죠?

시서우찌엔 짜이 날?

洗手间在哪儿?

Xǐshǒujiān zài nǎr?

▶ 식당칸은 몇 호입니까?

지 하오 처샹 스 찬처?

几号车厢是餐车?

Jǐ hào chēxiāng shì cānchē?

▲ 식당칸의 음식은 비싼 편이다.

▶ 환표증 주세요.

칭 게이 워 환퍄오쩡.

请给我换票证。

Qǐng gěi wǒ huànpiàozhèng.

| 이건 덤~ |

화장실은 열차 운행 중에만 사용할 수 있고, 장거리 노선의 경우 밤 10시가 되면 열차의 중앙등이 일제히 소등된다.
침대칸에서는 승차한 뒤에 기차표를 환표증과 교환했다가 하차역 앞에서 다시 기차표와 교환한다.

▸ 표를 잃어버렸습니다.

워 더 처퍄오 띠우 러.
我的车票丢了。
Wǒ de chēpiào diū le.

기차에서 내리기

▸ 다음 역은 어디예요?

샤 이 짠 스 날?
下一站是哪儿?
Xià yí zhàn shì nǎr?

▸▸ 난징역입니다.

난징 짠.
南京站。
Nánjīng Zhàn.

▸ 얼마나 정차하나요?

팅 뚜어 지우?
停多久?
Tíng duō jiǔ?

| 이건 덤~ |

기차의 식당칸에서 파는 음식물이나 도시락은 대체로 비싼 편이고 맛이 비싼 만큼 보장되지 않는 경우가 많다. 장거리 여행객은 승차 전에 미리 컵라면이나 간식거리를 충분히 사서 타는 것이 좋다. 기차 안에는 항상 뜨거운 물(카이수이 开水)이 준비되어 있다.

▶ 난징에서 상하이까지 얼마나 걸립니까?

총 난징 따오 상하이 쉬야오 뚜어 창 스찌엔?

从南京到上海需要多长时间？

Cóng Nánjīng dào Shànghǎi xūyào duō cháng shíjiān?

▶ 상하이에는 언제 도착하죠?

선머 스허우 따오다 상하이?

什么时候到达上海？

Shénme shíhou dàodá Shànghǎi?

▶ 지금 방송에서 뭐라고 하는 거죠?

시엔짜이 광뽀 수어 선머?

现在广播说什么？

Xiànzài guǎngbō shuō shénme?

▶ 상하이역에 도착했나요?

상하이 짠 따오 러 메이여우?

上海站到了没有？

Shànghǎi Zhàn dào le méiyǒu?

▶▶ 도착했습니다. 내릴 준비하십시오.

따오 러, 칭 준뻬이 샤 처.

到了，请准备下车。

Dào le, qǐng zhǔnbèi xià chē.

| 이건 덤~ |

기차표는 당일에 바로 구하기 어려우므로 여행지에 도착하면 미리 다음 여행지에 가는 기차표를 예매해 놓는 것이 좋다.

택시

미터기 찌청치	교통 체증 두처	현금 시엔찐	카드 결제 쇄카
计程器	**堵车**	**现金**	**刷卡**
jìchéngqì	dǔchē	xiànjīn	shuākǎ

영수증 파퍄오	택시를 잡다 다띠	기본 요금 치쨔
发票	**打的**	**起价**
fāpiào	dǎdī	qǐjià

운전사 쓰찌	여자 운전사 띠지에	남자 운전사 띠꺼	빈 차 콩 처
司机	**的姐**	**的哥**	**空车**
sījī	dījiě	dīgē	kōng chē

흡연 금지 칭 우 시옌	러시아워 까오펑 스찌엔
请勿吸烟	**高峰时间**
qǐng wù xīyān	gāofēng shíjiān

버스·지하철

버스 정류장 꽁꽁 치처짠	갈아타다 좐청	요금함 터우삐찌
公共汽车站	**转乘**	**投币机**
gōnggòng qìchēzhàn	zhuǎnchéng	tóubìjī

차장이 없는 차 우런서우
无人售
wúrénshòu

미니버스 샤오 꽁꽁 치처
小公共汽车
xiǎo gōnggòng qìchē

정류장 표지판 짠파이
站牌
zhànpái

차표 처퍄오
车票
chēpiào

매표원 서우퍄오위엔
售票员
shòupiàoyuán

지하철역 띠티에짠
地铁站
dìtiězhàn

노선 루시엔
路线
lùxiàn

자동 매표기 쯔똥 서우퍄오찌
自动售票机
zìdòng shòupiàojī

지하철 노선도 띠티에 루시엔투
地铁路线图
dìtiě lùxiàntú

검표하다 차퍄오
查票
chápiào

손잡이 땨오환
吊环
diàohuán

승차하다 상 처
上车
shàng chē

하차하다 샤 처
下车
xià chē

첫차 터우빤처
头班车
tóubānchē

막차 모빤처
末班车
mòbānchē

노약자·장애인·임산부 전용석 라오 루어 삥 찬 윈 쫜쭈어
老弱病残孕专座
lǎo ruò bìng cán yùn zhuānzuò

기차역 후어처짠
火车站
huǒchēzhàn

플랫폼 짠타이
站台
zhàntái

매표소 서우퍄오추
售票处
shòupiàochù

열차표 후어처퍄오
火车票
huǒchēpiào

예매 위꺼우 **预购** yùgòu	승무원 리에처위엔 **列车员** lièchēyuán	편도표 딴청퍄오 **单程票** dānchéngpiào	왕복표 왕판퍄오 **往返票** wǎngfǎnpiào
반환 창구 투이퍄오커우 **退票口** tuìpiàokǒu	대합실 허우처스 **候车室** hòuchēshì	개찰구 지엔퍄오커우 **检票口** jiǎnpiàokǒu	
고속열차 까오티에 **高铁** gāotiě	특급열차 터콰이 **特快** tèkuài	급행열차 즈콰이 **直快** zhíkuài	보통열차 푸콰이 **普快** pǔkuài
식당차 찬처 **餐车** cānchē	침대칸 워푸처샹 **卧铺车厢** wòpùchēxiāng	푹신한 침대 롼워 **软卧** ruǎnwò	딱딱한 침대 잉워 **硬卧** yìngwò
푹신한 의자 롼쭈어 **软座** ruǎnzuò	딱딱한 의자 잉쭈어 **硬座** yìngzuò	상단 침대 샹푸 **上铺** shàngpù	중단 침대 쭝푸 **中铺** zhōngpù
하단 침대 샤푸 **下铺** xiàpù	출발역 스파짠 **始发站** shǐfāzhàn	종착역 쭝디엔짠 **终点站** zhōngdiǎnzhàn	환승역 쭝좐짠 **中转站** zhōngzhuǎnzhàn
수하물 보관소 싱리 찌춘추 **行李寄存处** xíngli jìcúnchù		요금표 퍄오쨔뱌오 **票价表** piàojiàbiǎo	입장권 짠타이퍄오 **站台票** zhàntáipiào
환표증 환퍄오쩡 **换票证** huànpiàozhèng	열차 시각표 스커뱌오 **时刻表** shíkèbiǎo	화장실 처수어 **厕所** cèsuǒ	사용 중 여우 런 **有人** yǒu rén

비었음 우 런	선반 싱리쨔	옷걸이 이마오꺼우	발차하다 카이처
无人	**行李架**	**衣帽钩**	**开车**
wú rén	xínglijià	yīmàogōu	kāichē

화물칸 빠오샹	급수기 띠엔차루	흡연실 시옌추	열차번호 처츠
包厢	**电茶炉**	**吸烟处**	**车次**
bāoxiāng	diànchálú	xīyānchù	chēcì

입석 짠퍄오	정차하다 팅처	도중에 하차하다 쭝투 샤 처
站票	**停车**	**中途下车**
zhànpiào	tíngchē	zhōngtú xià chē

4 ▶ 중국 음식 즐기기

워 야오……

我要……

Wǒ yào……

'나는 ~을 원한다'라는 뜻으로, 식당에서 음식을 주문할 때 많이 쓰는 표현이다.

예 **계란볶음밥 주세요.**

워 야오 찌딴 차오판.

我要鸡蛋炒饭。

Wǒ yào jīdàn chǎofàn.

중국 음식은 음식 재료에서 조리 방법까지 그 종류가 상상을 초월한다. 하늘을 나는 것 중에서는 비행기를 빼고 다 먹고, 바다에 다니는 것 중에서는 배를 빼고 다 먹고, 육지를 다니는 네 다리를 가진 것 중에서는 책상 빼고 다 먹는다는 말이 있을 정도이니, 중국에 음식 종류가 얼마나 많은지를 짐작할 수 있다. 중국 음식의 다양성은 '南甜, 北咸, 东辣, 西酸(nán tián, běi xián, dōng là, xī suān 난 티엔, 베이 시엔, 똥 라, 시 쏸)'으로 요약할 수 있다. 즉, '남쪽 지방의 요리는 달고, 북쪽 지방의 요리는 짜며, 동쪽 지방의 요리는 맵고, 서쪽 지방의 요리는 시다'라는 뜻이다. 중국 요리는 각 지방마다 특색 있는 음식 계보를 가지고 있으며 그중 베이징 요리, 광둥 요리, 쓰촨 요리, 상하이 요리가 중국의 4대 요리로 일컬어지고 있다.

베이징을 중심으로 남쪽으로 산둥성(山東省), 서쪽으로 타이위안(太原)까지의 요리를 포함한다. 베이징은 오랫동안 중국의 수도로서 정치, 경제, 문화의 중심

▲ 우리의 물만두와 같은 북방 가정의 주식 **수이쟈오(水餃)**

지여서 궁중 요리를 비롯해 고급 요리 문화를 이룩한 곳이다. 베이징은 한랭한 북방에 위치하여 높은 칼로리가 요구되기 때문에 육류 중심의 튀김 요리와 볶음 요리가 많은 것이 특징이다.

▶ 베이징의 대표 요리
베이징카오야(北京烤鸭)
▶▶ 양고기가 주재료인 북방
풍미의 **솬양러우(涮羊肉)**

중국 남부 요리를 대표하는 광둥 요리는 광저우(广州)를 중심으로 차오저우(潮州), 뚱쟝(东江) 등 지방의 요리를 말한다. 광둥 요리는 자연의 맛을 잘 살려 담백하고 신선한 것이 특징이다. 광둥 지방의 대표 요리인 볶음에서도 재료가 지니고 있는 맛을 살리기 위해 재료를 지나치게 익히지 않고 간을 싱겁게 하고 기름도 적게 쓴다.

▶ 새끼 통돼지구이
카오루쭈(烤乳猪)
▶▶ 광둥 요리의 특징인
'칭쩡(清蒸 찜)'으로 조리한
칭쩡꾸이위(清蒸桂鱼)

쓰촨 요리 川菜
찬차이
Chuāncài

백 가지 요리에 백 가지 맛이 감돈다는 쓰촨 요리는 중국의 서쪽, 양쯔강 상류의 산악 지대에서부터 윈난(云南), 구이저우(贵州)까지의 요리를 총칭한다. 쓰촨은 바다와 거리가 멀고 더위와 추위가 심한 지방이어서 예로부터 향신료를 많이 쓴 요리가 발달하였다.

◀◀ 쓰촨 특유의 위상
조미료로 조리한
위샹러우쓰(鱼香肉丝)
◀ 세계적인 쓰촨 요리
마포떠우푸(麻婆豆腐)

상하이 요리 上海菜
상하이차이
Shànghǎicài

상하이, 난징(南京), 쑤저우(苏州), 양저우(扬州) 등지의 요리를 총칭하는데, 양쯔강 하류라는 지리적 조건 때문에 풍부한 곡식과 해산물을 이용한 요리가 발달하였다. 상하이 요리는 쌀을 재료로 한 요리와 게, 새우, 물새 등의 요리로 유명하며 지역 특산인 간장과 설탕을 써서 달콤하고 기름지게 만드는 것이 특징이다.

◀◀ 쑤저우 일대의 대표 요리
춘쥐엔(春卷)
◀ 돼지고기 간장 양념 요리
홍사오러우(红烧肉)

➤ **고수(香菜 샹차이)**: 매우 특
이한 향이 강하게 나는 채소
로 고수를 먹지 않는다면 종
업원에게 반드시 "부야오 샹차
이(不要香菜。- 고수를 넣지 마
세요.)"라고 말한다.

➤ **요리는 무게로 주문**: 중국의 무게 단위는 근(斤)과 량(兩)인
데, 1근은 500g이고, 1량은 50g이다. 식당에서 만두, 찐빵,
생선과 게요리 등을 주문할 때는 무게로 주문한다. 메뉴판에
1근에 ○○元이라고 쓰여 있으니 주문할 때 주의하자.

➤ **물이 유료?**: 중국 음식점 중에 물과 차가 공짜가 아닌 곳도
있으니 물이나 차를 주문할 때는 종업원에게 얼마인지 물어
보자.

➤ **요리 따로, 밥 따로**: 중국 식당에서 음식을 주문할 때는 우리
나라의 밥 반찬이 아니라 요리 개념으로 생각해야 한다. 요
리는 커다란 접시에 나오며 밥과 탕을 주문하면 요리가 나온
뒤 맨 마지막에 나온다.

➤ **계산**: 앉은 자리에서 계산을 할
수 있으니 식사를 마친 후 계산을
하려고 한다면 "푸우위엔, 칭 지
에짱!(服务员，请结账!)"이라
고 말하면 된다.

▲ 요리 천국이라는 별명에 걸맞는 중국의 상차림

이 표현 모르면 배가 고파요!

1

자리 있습니까?

여우 메이여우 웨이즈(콩 웨이)?

有没有位子(空位)?

Yǒu méiyǒu wèizi(kōng wèi)?

2

주문하겠습니다.

워 야오 디엔 차이.

我要点菜。

Wǒ yào diǎn cài.

3

이걸로 주세요!

야오 쩌거!

要这个!

Yào zhège!

4

한 그릇에 얼마입니까?

이 완 뚜어사오 치엔?

一碗多少钱?

Yì wǎn duōshao qián?

5

아가씨, 빨리 요리를 가져다주세요.

샤오지에, 칭 콰이 디알 상 차이 바.

小姐，请快点儿上菜吧。

Xiǎojiě, qǐng kuài diǎnr shàng cài ba.

냅킨 좀 주세요.

칭 게이 워 찬찐즈.

请给我餐巾纸。

Qǐng gěi wǒ cānjīnzhǐ.

계산서 부탁합니다.

칭 지에짱. / 마이딴.

请结账。 / 买单。

Qǐng jiézhàng. / Mǎidān.

3번 세트 하나 주세요.

워 야오 이 거 싼 하오 타오찬.

我要一个三号套餐。

Wǒ yào yí ge sān hào tàocān.

뜨거운 물을 좀 더 부어 주세요.

칭 쨔 디알 카이수이.

请加点儿开水。

Qǐng jiā diǎnr kāishuǐ.

차가운 것으로 주세요.

워 야오 삥 더.

我要冰的。

Wǒ yào bīng de.

식당에서

입구에서

▶▶ 어서 오세요. 몇 분이시죠?

환잉 꽝린, 지 웨이?
欢迎光临，几位?
Huānyíng guānglín, jǐ wèi?

▶ 4명입니다.

쓰 거 런.
四个人。
Sì ge rén.

▶▶ 예약을 하셨나요?

니먼 여우 메이여우 띵 웨이즈?
你们有没有订位子?
Nǐmen yǒu méiyǒu dìng wèizi?

▶ 룸을 예약했습니다.

이찡 띵 러 빠오팡.
已经订了包房。
Yǐjīng dìng le bāofáng.

▶ 자리가 있습니까?

여우 메이여우 웨이즈?

有没有位子?

Yǒu méiyǒu wèizi?

▶ 얼마나 기다려야 합니까?

야오 덩 뚜어 지우?

要等多久?

Yào děng duō jiǔ?

▶ 창가 자리 있습니까?

여우 메이여우 카오 촹 더 쭈어웨이?

有没有靠窗的座位?

Yǒu méiyǒu kào chuāng de zuòwèi?

| 조용하다 | 안찡 安静 ānjìng |

요리 주문하기

▶ 메뉴판 주세요.

칭 게이 워 차이딴.

请给我菜单。

Qǐng gěi wǒ càidān.

| 이건 덤~ |

학교 주위의 식당이나 주택가에 있는 식당을 이용하면 가격면에서 부담이 가지 않는다. 요리에 따라 다르지만 일반적으로 10~30위안이면 푸짐하고 맛있는 요리 한 접시를 먹을 수 있다.

▶▶ 주문하시겠습니까? / 무엇을 주문하시겠습니까?

닌 야오 디엔 차이 마? / 닌 야오 디엔 선머?

您要点菜吗？ / 您要点什么？

Nín yào diǎn cài ma? / Nín yào diǎn shénme?

▶ 먼저 좀 살펴보고, 잠시 후에 주문하겠습니다.

시엔 칸 이 칸, 덩 이후얼 디엔 차이.

先看一看，等一会儿点菜。

Xiān kàn yi kàn, děng yíhuìr diǎn cài.

▶ 아가씨, 주문하겠습니다.

샤오지에, 워 야오 디엔 차이.

小姐，我要点菜。

Xiǎojiě, wǒ yào diǎn cài.

푸우위엔
종업원 服务员
fúwùyuán

▶ 이 요리는 금방 되나요?

쩌 차이 넝 마샹 쭈어하오 마?

这菜能马上做好吗？

Zhè cài néng mǎshàng zuòhǎo ma?

▶ 좀 추천해 주시겠습니까?

니 커이 투이찌엔 이시에 마?

你可以推荐一些吗？

Nǐ kěyǐ tuījiàn yìxiē ma?

 | 이건 덤~ |

중국 요리가 나오는 순서

량차이(凉菜 liángcài: 차가운 음식) ➡ 주 요리 ➡ 탕, 주식(밥, 빵 등)

▶ 저는 매운 것을 좋아합니다.

워 시환 츠 라 더.
我喜欢吃辣的。
Wǒ xǐhuan chī là de.

달다	티엔 甜 tián	기름지다	니 腻 nì
시다	쏸 酸 suān	짜다	시엔 咸 xián

▶ 이곳에서 인기 있는 요리는 뭐죠?

쩌 띠엔 서우 환잉 더 차이 스 선머?
这店受欢迎的菜是什么?
Zhè diàn shòu huānyíng de cài shì shénme?

▶ 고수는 넣지 마세요.

부야오 팡 샹차이.
不要放香菜。
Búyào fàng xiāngcài.

▶ 이걸로 주세요!

야오 쩌거!
要这个!
Yào zhège!

▶ 세 명이 먹기에 충분한가요?

싼 거 런 넝 츠 마?
三个人能吃吗?
Sān ge rén néng chī ma?

▶ 우선 이것만 주세요.

시엔 쩌양 바.
先这样吧。
Xiān zhèyàng ba.

▸ 왜 요리가 아직 안 나오죠?

전머 차이 하이 메이 라이 야?

怎么菜还没来呀?

Zěnme cài hái méi lái ya?

음료·술 주문하기

▸▸ 무엇을 마시겠습니까?

닌 야오 허 선머?

您要喝什么?

Nín yào hē shénme?

▸ 콜라 한 병 주세요.

게이 워 이 핑 커러.

给我一瓶可乐。

Gěi wǒ yì píng kělè.

바이지우	치수이
백주 白酒 báijiǔ	사이다 汽水 qìshuǐ

▸ 어떤 종류의 술이 있습니까?

여우 선머 지우?

有什么酒?

Yǒu shénme jiǔ?

▸ 먼저 콩푸쟈주 한 병 주세요.

시엔 나 이 핑 콩푸쨔지우 바.

先拿一瓶孔府家酒吧。

Xiān ná yì píng Kǒngfǔjiājiǔ ba.

찡지우	커루어나
징주 京酒 Jīngjiǔ	코로나 科罗娜 Kēluónà

▶ 차가운 것으로 주세요.

워 야오 삥 더.
我要冰的。
Wǒ yào bīng de.

▶ 얼음 채워서 주세요.

야오 삥쩐 더.
要冰镇的。
Yào bīngzhèn de.

▶ 한국인이 좋아하는
칭다오 맥주

서비스 이용하기

▶ 아가씨, 빨리 요리 갖다주세요.

샤오지에, 칭 콰이 디알 상 차이 바.
小姐，请快点儿上菜吧。
Xiǎojiě, qǐng kuài diǎnr shàng cài ba.

▶▶ 예, 금방 나갑니다.

하오, 마상 라이.
好，马上来。
Hǎo, mǎshàng lái.

▶ 밥을 먼저 갖다주시겠어요?

시엔 상 미판 하오 마?
先上米饭好吗？
Xiān shàng mǐfàn hǎo ma?

▶ 여기에 뜨거운 물을 좀 더 부어 주시겠어요?

쩌리 쨔 디알 카이수이 하오 마?

这里加点儿开水好吗?

Zhèli jiā diǎnr kāishuǐ hǎo ma?

▶ 이 접시들 좀 바꿔 주세요.

쩌시에 디에즈 환 이샤.

这些碟子换一下。

Zhèxiē diézi huàn yíxià.

▶ 여기요, 젓가락 좀 갖다주세요.

푸우위엔, 게이 워 콰이즈.

服务员，给我筷子。

Fúwùyuán, gěi wǒ kuàizi.

찬찐즈	디에즈
냅킨 餐巾纸	접시 碟子
cānjīnzhǐ	diézi

▶ 아가씨, 맥주 한 병 더 주세요.

샤오지에, 짜이 라이 이 핑 피지우.

小姐，再来一瓶啤酒。

Xiǎojiě, zài lái yì píng píjiǔ.

▶ 이 요리가 벌써 식었는데, 다시 데워 주시겠어요?

쩌 차이 이찡 량 러, 짜이 러 이샤 하오 마?

这菜已经凉了，再热一下好吗?

Zhè cài yǐjīng liáng le, zài rè yíxià hǎo ma?

▶ 이것은 제가 주문한 요리가 아닌데요.

쩌 부 스 워 디엔 더 차이.

这不是我点的菜。

Zhè bú shì wǒ diǎn de cài.

▶ 더 드시겠습니까?

하이 츠 마?

还吃吗?

Hái chī ma?

▶ 이 요리, 포장해 주세요.

쩌거 차이, 칭 다빠오.

这个菜，请打包。

Zhège cài, qǐng dǎbāo.

계산하기

▶ 오늘은 제가 한턱내겠습니다.

찐티엔 워 라이 칭커.

今天我来请客。

Jīntiān wǒ lái qǐngkè.

▶ 계산서 부탁합니다.

칭 지에짱.

请结账。

Qǐng jiézhàng.

▶ 모두 얼마입니까?

이꽁 뚜어사오 치엔?

一共多少钱？

Yígòng duōshao qián?

▶ 계산이 잘못된 것 같은데요. 이것은 무슨 요금입니까?

니먼 하오샹 쏸추어 러, 쩌 스 선머 치엔?

你们好像算错了，这是什么钱？

Nǐmen hǎoxiàng suàncuò le, zhè shì shénme qián?

▶▶ 서비스 요금입니다.

쩌 스 푸우페이.

这是服务费。

Zhè shì fúwùfèi.

▶ 영수증 좀 주세요.

칭 카이 서우쮜.

请开收据。

Qǐng kāi shōujù.

▶ 신용카드도 받습니까?

쩌리 커이 쇄카 마?

这里可以刷卡吗？

Zhèli kěyǐ shuākǎ ma?

▶ 거스름돈은 필요 없습니다!

부용 자오 러!

不用找了！

Búyòng zhǎo le!

패스트푸드점에서

주문하기

▶ 근처에 맥도날드가 있습니까?

칭원, 쩌 푸진 여우 메이여우 마이땅라오?
请问，这附近有没有麦当劳？
Qǐngwèn, zhè fùjìn yǒu méiyǒu Màidāngláo?

피자헛	삐성커 必胜客 Bìshèngkè
KFC	컨더찌 肯德基 Kěndéjī

▶▶ 어서 오세요. 무엇을 드시겠습니까?

환잉 꽝린, 닌 야오 선머?
欢迎光临，您要什么？
Huānyíng guānglín, nín yào shénme?

▶ 3번 세트 하나 주세요.

워 야오 이 거 싼 하오 타오찬.
我要一个三号套餐。
Wǒ yào yí ge sān hào tàocān.

맥도날드

▶ (메뉴판을 가리키며) 이것과 이것으로 주세요.

워 야오 쩌거 허 쩌거.
我要这个和这个。
Wǒ yào zhège hé zhège.

▶ 이 세트 메뉴로 주세요.

야오 쩌 타오.

要这套。

Yào zhè tào.

▶▶ 더 필요한 것은 없으십니까?

하이 야오 선머?

还要什么？

Hái yào shénme?

▶ 없습니다. 감사합니다.

부야오 러, 시에시에.

不要了，谢谢。

Búyào le, xièxie.

▶▶ 여기에서 드십니까, 가지고 가십니까?

짜이 쩌리 츠, 하이스 따이저우?

在这里吃，还是带走？

Zài zhèli chī, háishi dàizǒu?

▶ 여기서 먹겠습니다.

짜이 쩌리 츠.

在这里吃。

Zài zhèli chī.

▲ 닭고기를 좋아하는 중국인들의 입맛을
사로잡은 KFC

▶ 가지고 갈게요!

따이저우! / 다빠오!

带走！/ 打包！

Dàizǒu! / Dǎbāo!

▸▸ 다음 분 주문하세요!

샤 이 웨이, 칭!

下一位，请！

Xià yí wèi, qǐng!

서비스 이용하기

▸ 치즈버거랑 콜라 한 잔 주세요.

워 야오 이 거 지스 한바오, 이 뻬이 키러.

我要一个吉士汉堡，一杯可乐。

Wǒ yào yí ge jíshì hànbǎo, yì bēi kělè.

▸ 햄버거는 반으로 잘라 주세요.

칭 바 한바오 치에청 량 빤.

请把汉堡切成两半。

Qǐng bǎ hànbǎo qiēchéng liǎng bàn.

▸▸ 작은 잔으로 드릴까요?

니 야오 샤오 뻬이 마?

你要小杯吗？

Nǐ yào xiǎo bēi ma?

| 이건 덤~ |

우리나라의 패스트푸드점에서는 모든 것이 셀프지만, 중국에서는 다 먹고 자리에 쟁반을 놔두면 종업원들이 알아서 치운다.

▲ 쟁반을 치우는 맥도날드 직원

▶ 큰 잔으로 주세요.

워 야오 따 더.
我要大的。
Wǒ yào dà de.

| 샤오 |
| 작다 小 |
| xiǎo |

▶ 냅킨 좀 주세요.

칭 게이 워 찬찐즈.
请给我餐巾纸。
Qǐng gěi wǒ cānjīnzhǐ.

| 시관 |
| 빨대 吸管 |
| xīguǎn |

▶ 콜라 좀 리필해 주실래요?

커러, 쉬뻬이 하오 마?
可乐，续杯好吗？
Kělè, xùbēi hǎo ma?

▶ 토마토케첩 하나 더 주세요.

짜이 라이 이 거 판치에쨩.
再来一个番茄酱。
Zài lái yí ge fānqiéjiàng.

| 쏸황과 |
| 피클 酸黄瓜 |
| suānhuángguā |
| 라쨔오쨩 |
| 핫소스 辣椒酱 |
| làjiāojiàng |

▶▶ 예, 잠깐만 기다려 주세요.

하오, 칭 사오 덩.
好，请稍等。
Hǎo, qǐng shāo děng.

찻집·
커피숍에서

차 주문하기

▸▸ 무슨 차를 드시겠습니까?

니먼 야오 히 선머 차?
你们要喝什么茶?
Nǐmen yào hē shénme chá?

▸ 룽징차로 주세요.

칭 게이 워 이 후(뻬이) 룽징차.
请给我一壶(杯)龙井茶。
Qǐng gěi wǒ yì hú(bēi) lóngjǐngchá.

우롱차	乌龙茶	우룽차 wūlóngchá
국화차	菊花茶	쥐화차 júhuāchá

▸ 좋은 차 좀 추천해 주세요.

니먼 여우 선머 하오 차?
你们有什么好茶?
Nǐmen yǒu shénme hǎo chá?

| 이건 덤~ |

중국에서 차를 주문할 때는 잔(뻬이 杯 bēi)이나 주전자(후 壶 hú)로 주문한다.

▶ 뜨거운 물을 좀 더 부어 주세요.

칭 쨔 디알 카이수이.
请加点儿开水。
Qǐng jiā diǎnr kāishuǐ.

커피 주문하기

▶ 카페라테 한 잔 주세요.

이 뻬이 나티에.
一杯拿铁。
Yì bēi nátiě.

| 셰이크 | 뼁사
冰沙
bīngshā |

▶▶ 차가운 걸로 하시겠습니까, 뜨거운 걸로 하시겠습니까?

뼁 더 하이스 러 더?
冰的还是热的?
Bīng de háishi rè de?

▶ 뜨거운 걸로 주세요.

야오 러 더.
要热的。
Yào rè de.

| 차갑다 | 뼁
冰
bīng |

▶ 커피를 리필해 주세요!

짜이 라이 디알 카페이!
再来点儿咖啡!
Zài lái diǎnr kāfēi!

▲ 중국에서 고급 커피 문화를 선도한
스타벅스

주문

▓▓▓▓ 주세요.

워 아오
我要 ▓▓▓▓。
Wǒ yào ▓▓▓▓.

코카콜라 커커우 커러	펩시콜라 바이스 커러
可口可乐	**百事可乐**
Kěkǒu Kělè	Bǎishì Kělè

세븐업 치시	스프라이트 쉬에삐	환타 펀다	생맥주 성피
七喜	**雪碧**	**芬达**	**生啤**
Qīxǐ	Xuěbì	Fēndá	shēngpí

생맥주 짜피	햄버거 한바오	감자튀김 수탸오	아이스크림 삥치린
扎啤	**汉堡**	**薯条**	**冰淇淋**
zhāpí	hànbǎo	shǔtiáo	bīngqílín

에그 롤 딴쥐알	세트 메뉴 타오찬	닭고기튀김 자찌	피자 비싸빙
蛋卷儿	**套餐**	**炸鸡**	**比萨饼**
dànjuǎnr	tàocān	zhájī	bǐsàbǐng

스파게티 이따리미엔	피클 쏸황과	핫소스 라쨔오쨩	카페라테 나티에
意大利面	酸黄瓜	辣椒酱	拿铁
yìdàlìmiàn	suānhuángguā	làjiāojiàng	nátiě

카푸치노 카뿌치눠	카페모카 모카	아메리카노 메이스 카페이
卡布其诺	摩卡	美式咖啡
kǎbùqínuò	mókǎ	měishì kāfēi

에스프레소 농쑤어 카페이	밀크셰이크 나이시	선데이 신띠
浓缩咖啡	奶昔	新地
nóngsuō kāfēi	nǎixī	xīndì

오렌지주스 청쯔	홍차 홍차	핫초코 러 쭈구리	애플파이 핑구어파이
橙汁	红茶	热朱古力	苹果派
chéngzhī	hóngchá	rè zhūgǔlì	píngguǒpài

맛

저는 한 것을 좋아합니다.

워 시환　　　더.

我喜欢　　　的。

Wǒ xǐhuan　　　de.

기름지다 여우니	달다 티엔	시다 쏸	맵다 라
油腻	甜	酸	辣
yóunì	tián	suān	là

짜다 시엔	쓰다 쿠	새콤달콤 쏸티엔	시고 맵다 쏸라
咸	苦	酸甜	酸辣
xián	kǔ	suāntián	suānlà

148

떫다 써	딱딱하다 잉	부드럽다 롼	바삭하다 추이
涩	硬	软	脆
sè	yìng	ruǎn	cuì

서비스

▨▨▨▨▨ 좀 갖다주세요.

칭 게이 워

请给我 ▨▨▨▨ 。

Qǐng gěi wǒ ▨▨▨▨.

냅킨 찬찐즈	젓가락 콰이즈	숟가락 탕츠	빨대 시관
餐巾纸	筷子	汤匙	吸管
cānjīnzhǐ	kuàizi	tāngchí	xīguǎn

작은 접시 디에즈	큰 접시 판즈	잔 뻬이즈	뜨거운 물 카이수이
碟子	盘子	杯子	开水
diézi	pánzi	bēizi	kāishuǐ

찬물 렁수이	메뉴판 차이딴	고기 요리 훈차이	야채 요리 쑤차이
冷水	菜单	荤菜	素菜
lěngshuǐ	càidān	hūncài	sùcài

포크 차즈	스푼 사오즈	물수건 스마오찐	이쑤시개 야치엔
叉子	勺子	湿毛巾	牙签
chāzi	sháozi	shīmáojīn	yáqiān

149

아가씨 샤오지에	종업원 푸우위엔	창가 자리 카오 촹 쭈어웨이
小姐	服务员	靠窗座位
xiǎojiě	fúwùyuán	kào chuāng zuòwèi

추천하다 투이찌엔	재떨이 옌후이깡	서비스 요금 푸우페이	먹다 츠
推荐	烟灰缸	服务费	吃
tuījiàn	yānhuīgāng	fúwùfèi	chī

마시다 허	배고프다 으어	갈증나다 커	더치페이 꺼 푸 꺼 더
喝	饿	渴	各付各的
hē	è	kě	gè fù gè de

주문하다 디엔 차이	대표 요리 나서우차이	메뉴판 차이푸	요리사 추스
点菜	拿手菜	菜谱	厨师
diǎn cài	náshǒucài	càipǔ	chúshī

남긴 음식 성차이	포장 다빠오	음료 인랴오	식당 찬팅
剩菜	打包	饮料	餐厅
shèngcài	dǎbāo	yǐnliào	cāntīng

요리 하나 주세요.

라이 이 판

来一盘 ▨▨▨。

Lái yì pán ▨▨▨.

돼지고기채볶음 위샹러우쓰

鱼香肉丝

yúxiāngròusī

삼겹살볶음 후이꾸어러우

回锅肉

huíguōròu

돼지고기탕수육 구라오러우

古老肉

gǔlǎoròu

쇠고기철판구이 티에반니우러우

铁板牛肉

tiěbǎnniúròu

땅콩닭고기볶음 꽁빠오찌띵

宫爆鸡丁

gōngbàojīdīng

매운 닭고기튀김 라즈찌

辣子鸡

làzijī

쏘가리찜 칭쩡꾸이위

清蒸桂鱼

qīngzhēngguìyú

새우튀김 쨔오옌차오샤

椒盐草虾

jiāoyáncǎoxiā

토마토계란탕 판치에딴탕

番茄蛋汤

fānqiédàntāng

매운 두부 요리 마포떠우푸

麻婆豆腐

mápódòufu

춘권 춘쥐엔

春卷

chūnjuǎn

볶음밥 차오판

炒饭

chǎofàn

옥수수탕 위미껑

玉米羹

yùmǐgēng

물만두 수이쟈오

水饺

shuǐjiǎo

151

중국인들의 간단한 아침 식사

밀가루튀김 여우탸오
油条
yóutiáo

흰죽 시판
稀饭
xīfàn

흰죽 미쩌우
米粥
mǐzhōu

계란전병 찌엔빙
煎饼
jiānbǐng

샌드위치 싼밍쯔
三明治
sānmíngzhì

빵 미엔빠오
面包
miànbāo

고기만두 샤오롱빠오
小笼包
xiǎolóngbāo

(소가 없는) 찐빵 만터우
馒头
mántou

(소가 있는) 찐빵 빠오즈
包子
bāozi

야채찐빵 차이빠오
菜包
càibāo

고기찐빵 러우빠오
肉包
ròubāo

팥찐빵 떠우사빠오
豆沙包
dòushābāo

꽃빵 화쥐알
花卷儿
huājuǎnr

만두탕 훈툰
馄饨
húntun

콩국 떠우쨩
豆浆
dòujiāng

주먹밥 판퇀
饭团
fàntuán

중국식 찹쌀밥 쫑즈
粽子
zòngzi

5. 쇼핑 즐기기

······뚜어사오 치엔?

······多少钱?

·····duōshao qián?

물건을 살 때 가장 많이 쓰는 표현이다. 또 "怎么卖?(전머 마이)"라고도 한다. '怎么 卖?'는 '가격이 어떻게 되나요?'라는 뜻으로 자신이 어느 정도 가격을 알고 있다는 것을 암시하여 가격을 흥정하는 데 유리하다.

예 **이 신발 얼마예요?**

쩌 쑤앙 시에 뚜어사오 치엔?

这双鞋多少钱?

Zhè shuāng xié duōshao qián?

바이후어 상띠엔
백화점 百货商店
bǎihuò shāngdiàn

중국 대도시에는 백화점이 많다. 백화점에는 우리나라와 마찬가지로 중국 유명 상품은 물론 외국 유명 브랜드와 명품을 판매한다. 백화점에서는 모두 가격 정찰제를 실시하지만 세일을 할 때는 '8折', '5折' 등의 할인율이 명시되어 있다. 우리나라는 '20% 할인'이라고 표현하지만 중국에서는 '가격의 80%로 판다'고 표현한다. 따라서 '8折'라고 하면 20% 할인이지, 80% 할인이 아니라는 점에 주의하자.

▲ 중국 백화점 내 지오다노 매장

중국에는 재래식 시장과 상가식 시장이 있다. 재래식 시장은 우리나라의 재래식 시장을 떠올리면 된다. 상가식 시장은 쇼핑몰처럼 큰 건물 안에서 층마다 갖가지 물건들을 파는 곳이다. 시장은 정찰제가 아니기 때문에 가격 흥정이 가능하다. 백화점보다 훨씬 싼 가격에 공예품, 도장 재료, 붓, 먹, 기념품 등 다양한 물건을 살 수 있기 때문에 여행객들은 가격 흥정을 할 수 있는 시장을 주로 찾는다.

▲▲ 상가식 시장의 귀금속 매장
▲ 중국 특산품 가게

쇼핑할 때 주의할 점

➤ **가짜 상품**: 중국에 가짜가 많다는 것은 너무나 공공연한 사실이다. 가짜 술, 가짜 담배는 물론 신발, 지갑, 옷 등 가짜 명품들도 여기저기에서 판매하니 좋은 제품을 사려면 시장보다는 국영상점이나 우의상점을 이용하는 것이 좋다.

➤ **위조지폐**: 중국에는 50위안짜리와 100위안짜리 위조지폐가 많이 유통되고 있어 지폐를 내면 위조지폐 판독기에 비춰 보고 위폐인지 아닌지 확인한다. 돈을 거슬러 받을 때도 50위안 이상의 큰돈은 위폐 판독기로 판독해 달라고 요구하는 것이 좋다.

▲ 위폐가 많은 중국에서는 상점마다 위폐 판독기를 갖추어 놓고 있다.

▶ **가격 흥정:** 제일 중요한 것은 가격이다. 시장에서 중국 상인들은 터무니없이 가격을 높여서 부른다. 좀 아니다 싶을 정도로 깎고 또 깎아야 손해 보지 않고 산다. 손해 보지 않으려면 부른 가격의 절반가 이하로 깎는다. 예를 들어, 신발 가격을 400위안이라고 부르면 120~150위안 사이에 사야 속지 않고 사는 것이다. 그리고 같은 제품도 가게에 따라 가격이 다르니 여러 군데를 잘 돌아다녀 봐야 한다.

숫자 표현

쇼핑을 하다가 가게 주인이 손으로 숫자 표현을 할 때가 있다. 자신이 얼마나 깎아 주는지 다른 상점이 모르게 할 때 간혹 쓰는데, 중국인들의 숫자 표현을 익힌다면 훨씬 유익한 쇼핑을 할 수 있을 것이다.

런민삐 런민삐
人民币
rénmínbì

원래 중국에서는 호텔이나 관광지 등에서 외국인 요금을 적용하였는데 이 요금 제도는 2000년부터 폐지되었다. 따라서 예전에는 외국인 화폐가 따로 있어 중국의 화폐인 런민삐와 구

▲ 위에서부터 차례로
1마오, 2마오,
5마오

▲ 위에서부터 차례로
1위안, 2위안,
5위안

▲ 위에서부터 차례로
10위안, 20위안,
50위안, 100위안

▲ 왼쪽부터 차례로 1위안, 5마오, 1마오, 5펀, 2펀, 1펀 동전

분해서 쓰였지만 지금은 어디서나 런민삐가 통한다.

런민삐의 단위는 다음과 같다. 10펀(分)은 1마오(毛)이고, 10마오는 1위안(元)이다. 런민삐의 종류 중 액면가가 가장 큰 것은 100위안이다. '위안'은 구어로 '콰이(块)'라고 한다.

신용카드

대부분의 가게가 신용카드를 받는다. 카드를 사용하면 큰돈을 가지고 다니거나 잔돈을 준비하지 않아도 되므로 매우 편리하다. 카드 사용 방법은 한국과 같다. 대부분의 상점에서 비자, 마스터, JCB, 아멕스 카드를 받는다. 중국에는 신용카드보다 직불카드로 결제가 가능한 상점이 더 많다.

이 표현 모르면 아무것도 못 사요!

1

이 티셔츠는 얼마입니까?

쩌 찌엔 티 쉬 뚜어사오 치엔?

这件T恤多少钱?

Zhè jiàn T xù duōshao qián?

2

입어 봐도 됩니까?

커이 스 촨 마?

可以试穿吗?

Kěyǐ shì chuān ma?

3

좀 싸게 해 주세요.

피엔이 디알.

便宜点儿。

Piányi diǎnr.

4

제 맘에 들지 않습니다. / 좋습니다.

워 부 타이 시환. / 워 헌 시환.

我不太喜欢。 / 我很喜欢。

Wǒ bú tài xǐhuan. / Wǒ hěn xǐhuan.

5

몇 퍼센트 할인합니까?

다 지 저?

打几折?

Dǎ jǐ zhé?

너무 비싸군요.

타이 꾸이 러.

太贵了。

Tài guì le.

6

환불해 주세요.

칭 바 쩌거 게이 투이 러.

请把这个给退了。

Qǐng bǎ zhège gěi tuì le.

7

그냥 둘러보는 겁니다.

워 즈스 칸 이 칸.

我只是看一看。

Wǒ zhǐshì kàn yi kàn.

8

적당하군요. / 딱 맞군요.

쩌 찌엔 허스. / 깡깡 하오.

这件合适。 / 刚刚好。

Zhè jiàn héshì. / Gānggāng hǎo.

9

계산이 틀린 것 같군요.

하오샹 쏸추어 러.

好像算错了。

Hǎoxiàng suàncuò le.

10

쇼핑하기

상점에서 1

▸ 이 근처에 상가가 있습니까?

쩌 푸찐 여우 상창 마?
这附近有商场吗?
Zhè fùjìn yǒu shāngchǎng ma?

▸ 백화점은 어디에 있습니까?

바이후어 따러우 짜이 날?
百货大楼在哪儿?
Bǎihuò dàlóu zài nǎr?

▸ 남성복은 몇 층입니까?

난쫭 스 지 러우?
男装是几楼?
Nánzhuāng shì jǐ lóu?

	뉘쫭		얼퉁푸
여성복	女装 nǚzhuāng	아동복	儿童服 értóngfú
스포츠의류	시우시엔 이푸 休闲衣服 xiūxián yīfu		

▸ 이 상품은 할인합니까?

쩌시에 상핀 다 부 다저?
这些商品打不打折?
Zhèxiē shāngpǐn dǎ bu dǎzhé?

▶ 몇 퍼센트 할인합니까?

다 지 저?

打几折?

Dǎ jǐ zhé?

▶ 이 티셔츠는 얼마입니까?

쩌 찌엔 티 쉬 뚜어사오 치엔?

这件T恤多少钱?

Zhè jiàn T xù duōshao qián?

쿠즈	췬즈
바지 裤子	치마 裙子
kùzi	qúnzi
시에즈	마오즈
신발 鞋子	모자 帽子
xiézi	màozi

▶ 드라이클리닝을 해야 합니까?

야오 깐시 마?

要干洗吗?

Yào gānxǐ ma?

수이시
물세탁 水洗
shuǐxǐ

상점에서 2

▶ 좀 더 옅은 색 있나요?

여우 치엔 이디엔 더 옌써 마?

有浅一点的颜色吗?

Yǒu qiǎn yìdiǎn de yánsè ma?

선
짙다 深
shēn

| 이건 덤~ |

현재 상하이, 텐진, 광저우 등의 대도시에는 대형 아울렛 단지가 조성되어 많은 중국인들이 쇼핑, 식사, 데이트 등을 즐기고 있다.

▸▸ 사이즈가 어떻게 되세요?

니 촨 지 하오?
你穿几号?
Nǐ chuān jǐ hào?

▸ 저는 M사이즈입니다.

워 촨 쭝 하오.
我穿中号。
Wǒ chuān zhōng hào.

	터 하오		따 하오
XL	特号 tè hào	L	大号 dà hào
	샤오 하오		
S	小号 xiǎo hào		

▸ 탈의실은 어디죠?

껑이스 짜이 날?
更衣室在哪儿?
Gēngyīshì zài nǎr?

	웨이성찌엔		타이핑먼
화장실	卫生间 wèishēngjiān	비상구	太平门 tàipíngmén

▸ 잘 어울립니까?

허스 마?
合适吗?
Héshì ma?

▸ 좀 헐렁하네요.

여우디알 페이.
有点儿肥。
Yǒudiǎnr féi.

	서우
타이트하다	瘦 shòu

▸ 검정색 있나요?

여우 메이여우 헤이써?
有没有黑色?
Yǒu méiyǒu hēisè?

	바이써		홍써
흰색	白色 báisè	빨간색	红色 hóngsè
	란써		미써
파란색	蓝色 lánsè	아이보리색	米色 mǐsè

▶ 이것으로 사겠습니다.

워 찌우 마이 쩌거 바.
我就买这个吧。
Wǒ jiù mǎi zhège ba.

상점에서 3

▶ 치파오 있어요?

여우 치파오 마?
有旗袍吗?
Yǒu qípáo ma?

▲ 중국 전통 의상 **치파오**

▶ 좀 더 작은 사이즈 있어요?

여우 츠춘 짜이 샤오 디알 더 마?
有尺寸再小点儿的吗?
Yǒu chǐcun zài xiǎo diǎnr de ma?

▶ 다른 디자인 있나요?

여우 비에더 콴스 마?
有别的款式吗?
Yǒu biéde kuǎnshì ma?

▶▶ 다 팔렸습니다. / 없습니다.

마이완 러. / 메이여우.
卖完了。 / 没有。
Màiwán le. / Méiyǒu.

▶ 입어(신어) 봐도 됩니까?

커이 스 이 스 마?

可以试一试吗?

Kěyǐ shì yi shì ma?

▶ 옷감이 뭐예요?

쩌거 융 선머 쭈어 더?

这个用什么做的?

Zhège yòng shénme zuò de?

▶ 이 신발 좀 보여 주세요.

게이 워 칸칸 찌 쑹 시에즈.

给我看看这双鞋子。

Gěi wǒ kànkan zhè shuāng xiézi.

| 구두 | 피시에
皮鞋
píxié |

▶ 37호입니다.

산스치 하오.

三十七号。

Sānshíqī hào.

| 40호 | 쓰스 하오
四十号
sìshí hào |

| 이건 덤~ |

중국의 옷 사이즈는 XS, S, M, L, XL로 표시하거나, 우리와는 달리 신장과 가슴둘레 혹은 신장과 허리둘레를 병기한다. 예를 들어, 신장 175cm에 가슴둘레 95, 허리둘레 82인 사람이라면 상의는 175/95 사이즈를 입으면 되고, 하의는 175/82 사이즈를 선택하면 된다.
신발 사이즈도 표기하는 법이 다르다. 230mm는 36호, 240mm는 38호, 260mm는 42호를 신으면 된다.

특산품 사기

특산품 가게

▶ 중국 특산품을 사려면 어디로 가야 합니까?

짜이 날 커이 마이 쭝구어 터찬핀?

在哪儿可以买中国特产品?

Zài nǎr kěyǐ mǎi Zhōngguó tèchǎnpǐn?

▶ 이것은 진짜 수공으로 만든 건가요?

쩌 쩐더 스 서우꽁 쭈어 더 마?

这真的是手工做的吗?

Zhè zhēnde shì shǒugōng zuò de ma?

▶ 도장을 새기고 싶어요.

워 샹 커 투쨩.

我想刻图章。

Wǒ xiǎng kè túzhāng.

▶ 도장 두 개를 사고 싶어요.

워 야오 마이 량 거 투쨩.

我要买两个图章。

Wǒ yào mǎi liǎng ge túzhāng.

| 도장돌 | 인스
印石
yìnshí |

▸▸ 도장을 파 드릴까요?

니 야오 커 투짱 마?

你要刻图章吗?

Nǐ yào kè túzhāng ma?

▸ 아니요, 괜찮아요.

부용 러.

不用了。

Búyòng le.

▸ 중국화 있습니까?

여우 쭝구어화 마?

有中国画吗?

Yǒu Zhōngguóhuà ma?

부채	산즈 扇子 shànzi	붓	마오비 毛笔 máobǐ

▸ 야시장은 몇 시에 여나요?

예스 지 디엔 카이?

夜市几点开?

Yèshì jǐ diǎn kāi?

▸ 야시장에는 어떤 볼거리가 있나요?

예스 여우 선머 커 칸 더 후어똥?

夜市有什么可看的活动?

Yèshì yǒu shénme kě kàn de huódòng?

| 이건 덤~ |

도장을 팔 때 주로 이용되는 돌 중에 중국에서 가장 유명하고 가격이 비싼 것
은 닭의 피처럼 선명한 빨간 줄이 무수히 들어간 '鸡血石(jīxuèshí 찌쉬에스)'
이다.

▶ 물건은 언제 들어옵니까?

선머 스허우 따오 후어 너?

什么时候到货呢?

Shénme shíhou dào huò ne?

차, 술, 담배 가게에서

▶ 마셔 볼 수 있어요?

커이 허허 칸 마?

可以喝喝看吗?

Kěyǐ hēhe kàn ma?

▶ 향을 맡아 봐도 될까요?

원 이 원 월 커이 마?

闻一闻味儿可以吗?

Wén yi wén wèir kěyǐ ma?

▶ 제일 좋은 차로 주세요.

게이 워 쭈이 하오 더 차예.

给我最好的茶叶。

Gěi wǒ zuì hǎo de cháyè.

▶ 재스민차로 사겠습니다.

워 샹 마이 모리화차.

我想买茉莉花茶。

Wǒ xiǎng mǎi mòlìhuāchá.

	치먼 홍차
치먼홍차	祁门红茶 Qímén Hóngchá
	푸얼차
보이차	普洱茶 pǔ'ěrchá

▶ 한 근(500g) 주세요.

게이 워 이 찐.
给我一斤。
Gěi wǒ yì jīn.

이 커		이 량	
1g	一克 yí kè	50g	一两 yì liǎng
반 근(250g)		半斤 bàn jīn	빤 찐

▶ 쭝난하이 한 보루 주세요.

칭 게이 워 이 탸오 쭝난하이.
请给我一条中南海。
Qǐng gěi wǒ yì tiáo Zhōngnánhǎi.

떵시루
던힐 登喜路 Dēngxǐlù

▶ 사오싱주 한 병 주세요.

칭 게이 워 이 핑 사오싱지우.
请给我一瓶绍兴酒。
Qǐng gěi wǒ yì píng Shàoxīngjiǔ.

라오베이징	라오 베이징 老北京 Lǎo Běijīng
마오타이주	마오타이지우 茅台酒 Máotáijiǔ

| 이건 덤~ |

중국의 차

뤼차(绿茶 lǜchá): 똥팅삐루어춘(洞庭碧螺春 Dòngtíngbìluóchūn), 황산마오펑(黄山毛峰 Huángshānmáofēng), 시후룽징(西湖龙井 Xīhúlóngjǐng) 등.

칭차(青茶 qīngchá): 우롱차(乌龙茶 wūlóngchá), 안시톄꽌인(安溪铁观音 ānxītiěguānyīn), 빠오종차(包种茶 bāozhǒngchá) 등.

화차(花茶 huāchá): 재스민차(茉莉花茶 mòlìhuāchá), 장미차(玫瑰茶 méiguìchá), 국화차(菊花茶 júhuāchá), 팔보차(八宝茶 bābǎochá) 등.

▲ 중국의 차 가게에서는 차를 팔 때 무게를 달아 팔기도 한다.

계산·환불

흥정하기

▶ 좀 싸게 해 주세요.

넝 부 넝 피엔이 디알?

能不能便宜点儿?

Néng bu néng piányi diǎnr?

▶ 좀 더 깎아 주세요.

짜이 피엔이 디알 바.

再便宜点儿吧。

Zài piányi diǎnr ba.

▶ 제일 싼 가격으로 해 주세요!

게이 거 쭈이 띠쨔!

给个最低价!

Gěi ge zuì dījià!

▶ 너무 비싸요. 안 살래요.

타이 꾸이 러, 뿌 마이 러.

太贵了,不买了。

Tài guì le, bù mǎi le.

▶ 저 가게에서는 좀 싸던데요.

나 쨔 상띠엔 하이 피엔이 디알.

那家商店还便宜点儿。

Nà jiā shāngdiàn hái piányi diǎnr.

▶ 많이 사면 좀 깎아 주나요?

뚜어 마이 지 거 커이 피엔이 디알 마?

多买几个可以便宜点儿吗?

Duō mǎi jǐ ge kěyǐ piányi diǎnr ma?

▶ 별로 마음에 들지 않습니다.

전머 칸 예 메이 칸샹.

怎么看也没看上。

Zěnme kàn yě méi kànshàng.

▶ 다른 곳도 둘러보고 올게요.

취 비에더 띠팡 칸칸 짜이 수어.

去别的地方看看再说。

Qù biéde dìfang kànkan zài shuō.

계산하기

▶ 이 제품은 진품입니까?

쩌거 상핀 스 쩐 후어 마?

这个商品是真货吗?

Zhège shāngpǐn shì zhēn huò ma?

▶ 이것은 얼마입니까?

쩌거 뚜어사오 치엔?

这个多少钱?

Zhège duōshao qián?

▶ 모두 얼마입니까?

이꿍 뚜어사오 치엔?

一共多少钱?

Yígòng duōshao qián?

▶ 나눠서 포장해 주세요.

펀카이 빠오쫭 바.

分开包装吧。

Fēnkāi bāozhuāng ba.

▶ 신용카드도 됩니까?

신용카 예 서우 마?

信用卡也收吗?

Xìnyòngkǎ yě shōu ma?

▶ 거스름돈이 모자랍니다.

링치엔 부 꺼우.

零钱不够。

Língqián bú gòu.

▶ 영수증 좀 주세요.

게이 워 서우쮜.

给我收据。

Gěi wǒ shōujù.

▶ 다음에 다시 오겠습니다.

샤 츠 짜이 라이 마이.
下次再来买。
Xià cì zài lái mǎi.

▶ 거스름돈을 잘못 주셨습니다.

닌 자오추어 치엔 러.
您找错钱了。
Nín zhǎocuò qián le.

▶ 색깔이 마음에 안 들어서 교환하고 싶습니다.

옌써 부 타이 시환, 워 샹 환 이 거.
颜色不太喜欢，我想换一个。
Yánsè bú tài xǐhuan, wǒ xiǎng huàn yí ge.

▶ 더 싼 것을 좀 보여 주세요.

게이 워 칸 이샤 피엔이 디알 더.
给我看一下便宜点儿的。
Gěi wǒ kàn yíxià piányi diǎnr de.

▶ 환불해 주세요.

칭 바 쩌거 게이 투이 러.
请把这个给退了。
Qǐng bǎ zhège gěi tuì le.

▶ 여기에 흠집이 있어요.

짜이 쩌리 여우 마오삥.

在这里有毛病。
Zài zhèli yǒu máobìng.

▶ 사이즈가 맞지 않습니다.

하오마 뿌 허스.

号码不合适。
Hàomǎ bù héshì.

▶ 여기에 실밥이 뜯어져 있어요.

쩌리 더 시엔터우 여우 원티.

这里的线头有问题。
Zhèli de xiàntou yǒu wèntí.

▶ 책임자를 불러 주세요.

칭 쨔오 이샤 찡리.

请叫一下经理。
Qǐng jiào yíxià jīnglǐ.

▶▶ 바로 환불해 드리겠습니다.

마상 게이 니 투이후어.

马上给你退货。
Mǎshàng gěi nǐ tuìhuò.

상점 찾기

⬚⬚⬚ 는 어디에 있습니까?

짜이 날?

⬚⬚⬚ 在哪儿?

zài nǎr?

전문 매장 쫜마이띠엔 **专卖店** zhuānmàidiàn	백화점 바이후어 따러우 **百货大楼** bǎihuò dàlóu

면세점 미엔수이상띠엔 **免税商店** miǎnshuìshāngdiàn	가게 상띠엔 **商店** shāngdiàn	시장 스창 **市场** shìchǎng

피팅룸 스이찌엔 **试衣间** shìyījiān	계단 러우티 **楼梯** lóutī	엘리베이터 띠엔티 **电梯** diàntī	에스컬레이터 쯔똥푸티 **自动扶梯** zìdòngfútī

계산대 꾸이타이 **柜台** guìtái	카트 서우투이처 **手推车** shǒutuīchē	주차장 텅처창 **停车场** tíngchēchǎng	보관함 춘빠오추 **存包处** cúnbāochù

좀 볼 수 있을까요?

워 커이 칸칸

我可以看看 　　　 ?

Wǒ kěyǐ kànkan 　　　?

특산품 터찬핀 特产品 tèchǎnpǐn	골동품 구동 古董 gǔdǒng	도장 투쨩 图章 túzhāng	도자기 타오츠 陶瓷 táocí
스카프 웨이찐 围巾 wéijīn	넥타이 링따이 领带 lǐngdài	핸드백 서우티빠오 手提包 shǒutíbāo	손목시계 서우뱌오 手表 shǒubiǎo
안경 옌찡 眼镜 yǎnjìng	선글라스 타이양찡 太阳镜 tàiyángjìng	콘택트렌즈 인싱 옌찡 隐形眼镜 yǐnxíng yǎnjìng	목걸이 샹리엔 项链 xiàngliàn
귀고리 얼환 耳环 ěrhuán	반지 찌에즈 戒指 jièzhi	팔찌 서우주어 手镯 shǒuzhuó	브로치 시웅쩐 胸针 xiōngzhēn
다이아몬드 쫜스 钻石 zuànshí	진주 쩐쭈 珍珠 zhēnzhū	금 (황)찐 (黄)金 (huáng)jīn	18K 스빠 찐 十八金 shíbā jīn
24K 얼스쓰 찐 二十四金 èrshísì jīn	순금 춘찐 纯金 chúnjīn	은 인 银 yín	비취 페이추이 翡翠 fěicuì

양모 양마오	면 미엔	비단(실크) 쓰처우	양복 시푸
羊毛	棉	丝绸	西服
yángmáo	mián	sīchóu	xīfú

코트 따이	원피스 리엔이췬	셔츠 천산	재킷 쨔커
大衣	连衣裙	衬衫	夹克
dàyī	liányīqún	chènshān	jiākè

조끼 뻬이신	스웨터 마오이	바지 쿠즈	반바지 두안쿠
背心	毛衣	裤子	短裤
bèixīn	máoyī	kùzi	duǎnkù

청바지 니우자이쿠	치마 췬즈	잠옷 수이이	속옷 네이이
牛仔裤	裙子	睡衣	内衣
niúzǎikù	qúnzi	shuìyī	nèiyī

양말 와즈	향수 샹수이	핸드크림 후서우솽	립스틱 커우훙
袜子	香水	护手霜	口红
wàzi	xiāngshuǐ	hùshǒushuāng	kǒuhóng

스킨 화쫭수이	로션 루예	찻잎을 넣는 통 차예통	
化妆水	乳液	茶叶筒	
huàzhuāngshuǐ	rǔyè	cháyètǒng	

찻잔 차뻬이	티스푼 차츠	찻잔 받침 차디에	우롱차 우룽차
茶杯	茶匙	茶碟	乌龙茶
chábēi	cháchí	chádié	wūlóngchá

룽징차 룽징차	팔보차 빠바오차	징주 찡지우	펀주 펀지우
龙井茶	八宝茶	京酒	汾酒
lóngjǐngchá	bābǎochá	Jīngjiǔ	Fénjiǔ

시펑주 시펑지우	하이네켄 시리	코로나 커루어나	아사히 짜오르
西凤酒	喜力	科罗娜	朝日
Xīfèngjiǔ	Xǐlì	Kēluónà	Zhāorì

삿포로 치바오	양주 양지우	샴페인 샹뻰지우	담배 샹옌
七宝	洋酒	香槟酒	香烟
Qībǎo	yángjiǔ	xiāngbīnjiǔ	xiāngyān

2개피 량쯔	2갑 량 허	2보루 량 탸오	필립모리스 찐리스
两支	两盒	两条	金利士
liǎng zhī	liǎng hé	liǎng tiáo	Jīnlìshì

마일드세븐 로우허치싱	말보로 완바오루	라이터 다후어찌
柔和七星	万宝路	打火机
Róuhéqīxīng	Wànbǎolù	dǎhuǒjī

기타

비싸다 꾸이	싸다 피엔이	할인하다 다저	손해 보다 페이치엔
贵	便宜	打折	赔钱
guì	piányi	dǎzhé	péiqián

환불 투이후어	영수증 서우쮜	영업 중 잉예	전표 샤오퍄오
退货	收据	营业	小票
tuìhuò	shōujù	yíngyè	xiǎopiào

흥정하다 타오쨔 환쨔	지불하다 푸치엔	거울 찡즈
讨价还价	付钱	镜子
tǎojià-huánjià	fùqián	jìngzi

애프터서비스 서우허우 푸우	위폐 판독기 옌차오떵
售后服务	**验钞灯**
shòuhòu fúwù	yànchāodēng

쇼윈도 추촹	장바구니 꺼우우란	봉지 따이즈	쇼핑백 꺼우우따이
橱窗	**购物蓝**	**袋子**	**购物袋**
chúchuāng	gòuwùlán	dàizi	gòuwùdài

가짜 쟈 더	진품 쩡핀	인기상품 러먼후어	중고품 얼서우후어
假的	**正品**	**热门货**	**二手货**
jiǎ de	zhèngpǐn	rèménhuò	èrshǒuhuò

중국 문화 체험하기

6

워 샹······

我想······

Wǒ xiǎng······

'~하고 싶다'라는 뜻으로 바람을 말할 때 자주 쓰인다. 관광을 하면서 여행사에 일일 투어를 신청할 때나 공연 등을 관람할 때 주로 쓰인다.

예 베이징 일일 투어를 하고 싶어요.

워 샹 찬쨔 베이징 이 르 여우.

我想参加北京一日游。

Wǒ xiǎng cānjiā Běijīng yí rì yóu.

중국의 볼거리

➤ **전통극:** 중국에는 360여 종에 이르는 지방 전통극이 있는데 이 중 대표적인 것이 베이징 지방에서 대성한 경극(京剧)이다. '베이징 오페라'라고도 불리는 경극은 노래, 대사, 행동, 무술이 결합된 예술로서, 독특한 대사와 연기, 화려한 의상과 분장 때문에 많은 외국인 관람객들을 끌어들이고 있다. 베이징에서 경극을 공연하는 극장으로는 서우뚜 극장, 민족문화궁, 이원 극장 등이 있다.

▲ **무단(武旦)** 주로 무술을 연기하는 용맹스런 여성 역할

▲ **화단(花旦)** 천진난만하고 활달한 젊은 여성 역할

▲ **축(丑)** 유머와 기지가 넘치는 남성 역할

- **서우뚜 극장(首都剧场)**: 北京市东城区王府井大街22号
  ☎ 010-6524-6789
- **민족문화궁(民族文化宫)**: 北京市西城区复兴门内大街49号
  ☎ 010-8319-5500

➤ **곡예**: 곡예(曲艺)는 각종 설창(说唱)예술의 총칭으로, 고대 민간의 구전문학과 설창예술이 발전하고 변화하여 형성된 것이다. 현재 중국에서 유행하는 곡예의 종류는 400

▲ 상성 공연 모습

여 개가 있는데 이 중 사람들로부터 가장 환영을 받는 곡예는 바로 상성(相声)이다. 현대의 상성은 일종의 웃음에 대한 예술로, 100여 년 전 베이징과 톈진 지역에서 시작되었다. 상성에서 다루는 내용은 대부분 일상생활 속의 이야기이다.

➤ **서커스**: 중국의 서커스를 잡기(杂技)라고 하는데, 중국의 잡기는 중국인뿐 아니라 세계 각국에서도 호평을 받고 있다. 긴 막대 위에서 그릇 돌리기, 접시 돌리기, 자전거 곡예 등 중국의 잡기는 고도의 기술과 독특한 풍격으로 사랑받고 있다. 현재 거의 모든 지역에 잡기단이 있는데, 베이징에서는 차오양 극장에서 베이징 잡기단이 활동하고 있으며 토요일을 제외하고 매일 공연이 있다.

▲ 국제서커스대회에서 수상한 바 있는 **양발로 공중 돌리기**

- **차오양 극장(朝阳剧场)**: 北京市朝阳区东三环路36号
  ☎ 010-5166-2527

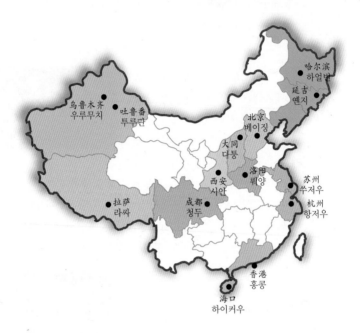

哈尔滨
하얼빈

延吉
옌지

乌鲁木齐
우루무치

吐鲁番
투루판

北京
베이징

大同
다퉁

洛阳
뤼양

西安
시안

苏州
쑤저우

杭州
항저우

拉萨
라싸

成都
청두

香港
홍콩

海口
하이커우

베이징(北京)

➤ **고궁(故宮):** 명·청대의 황궁으로, 자금성(紫禁城)이라고 불렸
다. 태화전(太和殿), 중화전(中和殿), 보화전(保和殿), 건청궁
(乾淸宮), 교태전(交泰殿), 곤령궁(坤宁宮) 등 크고 작은 90여
채의 궁궐로 이루어져 있다. 지하철을 타고 톈안먼똥역(天安门
东站)에 내려서 천안문을 통과해 걸어 들어가면 고궁박물관(故
宮博物馆)이 나온다.

➤ **이허위엔(颐和园)**: 청 황제의 정원이며 서태후의 별궁으로 유명하다. 인공호수인 곤명호(昆明湖), 장랑(长廊), 만수산(万寿山)의 불향각(佛香阁) 등이 관광객의 발길을 끌고 있다. 베이징의 서북쪽에 위치해 있으며 베이징 시내 곳곳에 이허위엔에 가는 버스가 많이 있다.(개방시간 여름 06:30~18:00, 겨울 07:00~17:00)

➤ **만리장성(万里长城)**: 길이가 6400km에 이르고, 베이징 외곽의 빠다링(八达岭), 무티엔위(慕田峪), 쓰마타이(司马台), 찐산링(金山岭) 네 곳에서 오를 수 있다. 보통 베이징 시내에서 가장 가까운 빠다링 장성으로 오른다.

▼ 500여 년의 역사를 지닌 **고궁박물관**　　▼ 서태후가 기도를 올렸다고 하는 이허위엔의 **불향각**

▲ 세계 7대 불가사의 중 하나인 **만리장성**

➤ **윈강석굴(云岗石窟)**: 북위(北魏) 때 만들어진 문화유산으로, 전체 길이는 동서로 1km에 이르며 석굴의 총수는 53개이다.

➤ **현공사(悬空寺)**: 북위 말기 때 절벽 한가운데 세워진 불교 사원이다.

다퉁의 유명한 두 관광지 윈강석굴과 현공사는 다퉁 시내에서 멀리 떨어져 있으므로 버스를 타는 것보다 택시를 대절하거나 현지 여행사의 일일 투어를 이용하여 가는 것이 좀 더 편리하다.

➤ **창바이산(长白山)**: 우리나라의 '백두산'에 해당하는 창바이산은 한국의 기본 산줄기에 있는 신성한 산으로 한국인들이 자주 찾는 관광 명소이다. 베이징에서 기차를 타고 옌지로 가면 창바이산으로 오르는 코스가 있다.

▼ 53개의 석굴에 51,000여 개에 달하는 석조상이 있는 **윈강석굴**

▲ 절벽 한가운데 세워진 **현공사**

▲ 동북부 산지에 있는 일련의 산봉우리들로 구성되어 있는 **창바이산**

➤ **하얼빈**: 하얼빈은 겨울이 매우 추워 '얼음의 도시'라 불리며, 유럽풍의 건축물이 많아 '동방의 작은 파리'라고 불리기도 한다. 730부대 유적지와 빙등제(冰灯节·매년 1~2월)를 관람할 수 있다.

시안(西安)

➤ **병마용(兵马俑)**: 진시황이 죽은 후에 그의 무덤을 지키기 위하여 만들어졌으며, 1974년 한 농부에 의해 우연히 발견되었다. 총 3개의 전시관으로 이루어져 있고, 현재까지도 계속 발굴 작업이 진행 중이다.(개방시간 하절기[3월 16일~11월 14일] 08:30~17:30, 동절기[11월 15일~3월 15일] 08:30~17:00)

➤ **화청지(华清池)**: 당(唐) 현종(玄宗)이 양귀비(杨贵妃)를 위해 번성시킨 황실 온천으로 현재는 대중 휴양지로 이용되고 있다.(개방시간 하절기[3~11월] 07:00~19:00, 동절기[12~2월] 07:30~18:00)

시안 기차역에 도착하면 병마용이나 화청지, 진시황릉에 가는 교통편이 많이 있다. 버스 혹은 '小公(미니 시내버스)'을 타고 가면 된다. 호객꾼들이 많으나 겁먹지 말고 가격을 흥정하여 저렴하게 이용하자.

하얼빈에서 매년 열리는 빙등제　　▲ 시안에 위치한 **화청지**　　▲ **병마용 1호갱**

➤ **룽먼석굴(龙门石窟):** 뤄양의 남쪽, 이허(伊河)의 옆에 위치해 있으며 석회암 암벽의 크고 작은 동굴에 다양한 불상이 새겨져 있다. 뤄양역 바로 옆에 있는 버스 정류장에서 '룽먼커우(龙门口)'라고 쓰인 81번 버스를 타고 가면 된다.(개방시간 07:30~18:30)

➤ **시후(西湖):** 항저우시의 서쪽에 있는 호수로, 시후 10경으로 유명하다. 시후의 이름은 중국의 미인 서시(西施)의 이름에서 유래하였다.

➤ **쑤저우:** '물의 도시'라 불릴 정도로 도시의 운하망이 잘 발달되어 있고 경치가 아름답다. 또 정원이 많아 '정원의 도시'라고도 불린다.

쑤저우와 항저우는 모두 중국 동부에 위치해 있는데 항저우-상하이-쑤저우를 차례로 여행하는 노선이 편하다. 항저우-상하이는 기차를 이용하고, 상하이-쑤저우는 장거리 버스를 이용한다.

▶ 둔황(敦煌)의 막고굴(莫高窟), 다퉁의 윈강석굴과 더불어 중국의 3대 석굴 중 하나인 뤄양의 **룽먼석굴**

➤ **지우짜이꺼우(九寨沟)**: 쓰촨성의 바이룽쟝(白龙江)과 바이수이쟝(白水江) 유역에 자리잡고 있으며, 아름다운 경치와 투명한 물로 인해 관광 명승지로 각광받고 있다. 지우짜이꺼우에 가려면 쓰촨성의 성도인 청두(成都)를 경유해야 한다. 청두 기차역(成都站)에서 기차를 이용하거나 시외버스를 이용할 수 있고, 10시간 이상이 소요된다.

➤ **어메이산(娥眉山)**: 쓰촨성 어메이산시에 위치해 있으며 최고봉의 높이가 해발 3099m이다. '仙境(신선의 세계)'이라고 칭송받을 정도로 산세가 절경이다. 버스보다는 청두 기차역에서 어메이산행 터콰이(特快)를 타고 가는 것이 빠르고 편하다.(2시간 30분 소요)

▼ 작은 하천 옆에 나란히 지어진 **수상 가옥**은 쑤저우의 볼거리 중 하나이다.

▼ 바닥까지 들여다 보이는 **지우짜이꺼우**의 계곡

►**실크로드:** 중국이 서역과 교역하던 때에 자연스럽게 생긴 길이며, 당시에 중국에서 수출하던 상품이 비단이었기에 실크로드(비단길)라는 이름이 붙여졌다. 실크로드를 횡단할 때는 시안역에서 기차를 타고 투루판(吐鲁番), 우루무치(乌鲁木齐)를 경유해서 가는 경로를 많이 이용한다.

►**포탈라궁(布达拉宫):** 티베트 라싸(拉萨)에 있으며, 티베트 최고 존재인 달라이 라마의 궁전이다. 티베트 전통 건축의 걸작으로 꼽힌다.

티베트를 여행할 때는 여러 가지 교통편이 있는데 시닝(西宁)-라싸 구간과 청두-라싸 구간을 가장 많이 이용한다. 함께 여행하는 일행이 있다면 차를 렌트하는 것도 좋은 방법이다.

►**하이커우(海口):** 하이난다오의 성도인 하이커우시는 온난다우한 기후와 동파서원(东坡书院), 오공사(五公寺) 등의 유적이 있어 국제적으로 환영받는 관광지이다.

하이난다오 여행은 광저우, 리우저우(柳州), 쿤밍(昆明), 선전

▼ 티베트 최고의 건축물로 꼽히는 **포탈라궁**   ▼ 휴양지로 각광받는 **하이난다오**

(深圳) 등 중국 남방 여행을 계획하고 있는 사람들에게 추천할
만하다. 싼야(三亚)와 하이커우에 국제선 공항이 있다.

홍콩(香港)

➤ **홍콩**: 1997년 영국에서 중국으
로 반환된 뒤 특별 행정구가 되었
다. 야경이 아름다운 도시이며,
쇼핑 천국으로 관광객의 사랑을
받고 있다. 광둥어가 일상적으로
통용되지만 영어와 보통화가 공
용어로 함께 쓰이고 있다.

▲ 쇼핑 천국으로 유명한 **홍콩**

여행사 이용 tip

➤ **CITS**: CITS는 중국의 대표적인 여
행사로 주로 외국인을 대상으로 한
다. 영어와 중국어가 통하며 여행객
을 대신해서 즉석에서 표를 예매해
준다. 이때 수수료를 지불하면 된다.

▲ CITS 여행 신청표

단체 관광 상품도 판매하는데 보통 식비, 관광지 입장료, 버스 이
용료가 포함되어 있고 비용도 저렴하고 편리하다.

1

어떤 관광 코스가 있습니까?

여우 나시에 뤼여우 루시엔?

有哪些旅游路线?

Yǒu nǎxiē lǚyóu lùxiàn?

2

여행 시간은 어느 정도 걸리나요?

뤼여우 쉬야오 화 뚜어사오 스찌엔?

旅游需要花多少时间?

Lǚyóu xūyào huā duōshao shíjiān?

3

언제 이용할 수 있나요?

선머 스허우 커이 용?

什么时候可以用?

Shénme shíhou kěyǐ yòng?

4

예약을 해야 하나요?

쉬야오 위띵 마?

需要预订吗?

Xūyào yùdìng ma?

5

입장료가 포함된 가격입니까?

빠오쿠어 먼퍄오 더 마?

包括门票的吗?

Bāokuò ménpiào de ma?

한국어 가이드가 있나요?

여우 메이여우 후이 한구어화 더 다오여우?

有没有会韩国话的导游?

Yǒu méiyǒu huì Hánguóhuà de dǎoyóu?

입장료는 얼마입니까?

먼퍄오 뚜어사오 치엔?

门票多少钱?

Ménpiào duōshao qián?

사진 좀 찍어 주시겠어요?

커이 빵 워 짜오샹 마?

可以帮我照相吗?

Kěyǐ bāng wǒ zhàoxiàng ma?

오늘 표 있습니까?

여우 찐티엔 더 퍄오 마?

有今天的票吗?

Yǒu jīntiān de piào ma?

전신 안마를 받고 싶어요.

워 샹 쭈어 취엔션 안모.

我想做全身按摩。

Wǒ xiǎng zuò quánshēn ànmó.

관광 즐기기

일일 투어

▶ 관광 안내소가 어디에 있나요?

뤼여우 쉰원추 짜이 날?

旅游询问处在哪儿?

Lǚyóu xúnwènchù zài nǎr?

	뤼싱서
여행사	旅行社
	lǚxíngshè

▶ 시내 지도가 있습니까?

여우 스네이 띠투 마?

有市内地图吗?

Yǒu shìnèi dìtú ma?

	여우란투
여행 지도	游览图
	yóulǎntú

▶ 여기 시내 관광 투어 버스가 있나요?

쩌리 여우 스취 쩌우여우처 마?

这里有市区周游车吗?

Zhèli yǒu shìqū zhōuyóuchē ma?

▶ 베이징 일일 투어를 하고 싶어요.

워 샹 찬쨔 베이찡 이 르 여우.

我想参加北京一日游。

Wǒ xiǎng cānjiā Běijīng yí rì yóu.

	빤 르 여우
반일 투어	半日游
	bàn rì yóu

▶ 어떤 관광 코스가 있습니까?

여우 나시에 뤼여우 루시엔?

有哪些旅游路线?

Yǒu nǎxiē lǚyóu lùxiàn?

▶ 어디에서 집합합니까?

짜이 날 지허?

在哪儿集合?

Zài nǎr jíhé?

출발하다	추파 出发 chūfā

▶ 몇 시에 모입니까?

지 디엔 쮜허?

几点聚合?

Jǐ diǎn jùhé?

▶ 투어 비용은 일인당 얼마입니까?

퇀페이 메이 런 뚜어사오 치엔?

团费每人多少钱?

Tuánfèi měi rén duōshao qián?

▶ 입장료가 포함된 가격인가요?

빠오쿠어 먼퍄오 더 마?

包括门票的吗?

Bāokuò ménpiào de ma?

점심	우찬 午餐 wǔcān

| 이건 덤~ |

관광 명소가 많은 지역의 경우 여행 상품이 잘 개
발되어 있다. 자신이 가려는 곳의 여행 상품이 있
는지 알아보고 가격을 잘 흥정해서 이용하면 된다.

▲ 일일 투어 상품이 있는 여행사

▶ 투어는 몇 시에 마치나요?

뤼여우 지 디엔 지에수 너?

旅游几点结束呢?

Lǚyóu jǐ diǎn jiéshù ne?

| 매표소에서 1 |

▶ 매표소는 어디에 있습니까?

서우퍄오추 짜이 날?

售票处在哪儿?

Shòupiàochù zài nǎr?

▶ 입장권은 얼마입니까?

먼퍄오 스 뚜어사오 치엔?

门票是多少钱?

Ménpiào shì duōshao qián?

▶▶ 30위안입니다.

싼스 콰이.

三十块。

Sānshí kuài.

| 이건 덤~ |

중국의 명승지나 공원 중에는 우선 매표소에서 입장권을 산 다음 안으로 들어
가서 다시 각 건물이나 장소 등에서 따로 관람권을 사야 하는 경우가 많다.

▶ 관람권도 사야 하나요?

하이 야오 마이 찬꽌취엔 마?

还要买参观券吗?

Hái yào mǎi cānguānquàn ma?

▶ 학생 할인은 되나요?

여우 쉬에성 여우후이 마?

有学生优惠吗?

Yǒu xuésheng yōuhuì ma?

▶▶ 네, 50% 할인됩니다.

여우, 다 우 저.

有，打五折。

Yǒu, dǎ wǔ zhé.

▶ 학생 2명입니다.

량 거 쉬에성.

两个学生。

Liǎng ge xuésheng.

▲ 만리장성 매표소

▶ 구경하는 데 얼마나 걸리나요?

찬꽌 쩌리 쉬야오 뚜어 창 스찌엔?

参观这里需要多长时间?

Cānguān zhèli xūyào duō cháng shíjiān?

▶ 보증금은 언제 돌려받나요?

야찐 선머 스허우 환게이 워?

押金什么时候还给我?

Yājīn shénme shíhou huángěi wǒ?

▸▸ 배를 다 타고 나면 돌려드립니다!

쭈어완 촨 환게이 니 아!

坐完船还给你啊!

Zuòwán chuán huángěi nǐ a!

매표소에서 2

▸ 몇 시부터 문을 여나요?

지 디엔 카이 먼?

几点开门?

Jǐ diǎn kāi mén?

문을 닫다	꽌 먼 关门 guān mén

▸▸ 오전 8시입니다.

자오상 빠 디엔.

早上八点。

Zǎoshang bā diǎn.

▸ 출구는 어디에 있나요?

추커우 짜이 날?

出口在哪儿?

Chūkǒu zài nǎr?

| 이건 덤~ |

중국에서는 공원 등지에서 배를 빌려서 탈 때도 보증금(押金 야찐)을 받는다.
배를 다 타고 나서 보증금 영수증을 주면 보증금을 다시 돌려준다.

▶ 산에 숙소가 있나요?

산상 여우 쭈쑤 마?

山上有住宿吗?

Shānshang yǒu zhùsù ma?

▶ 정상까지 얼마나 걸립니까?

따오 산딩 저우 루 야오 뚜어 창 스찌엔?

到山顶走路要多长时间?

Dào shāndǐng zǒu lù yào duō cháng shíjiān?

▶ 산에 케이블카가 있나요?

여우 메이여우 상 산 더 란처?

有没有上山的缆车?

Yǒu méiyǒu shàng shān de lǎnchē?

▶ 케이블카를 타는 데 얼마입니까?

쭈어 란처 야오 뚜어사오 치엔?

坐缆车要多少钱?

Zuò lǎnchē yào duōshao qián?

사진 찍기

▶ 사진 찍어도 됩니까?

커이 짜오샹 마?

可以照相吗?

Kěyǐ zhàoxiàng ma?

▶ 사진 좀 찍어 주세요.

칭 빵 워 파이 이샤.
请帮我拍一下。
Qǐng bāng wǒ pāi yíxià.

▶ 누르기만 하면 됩니다.

이 언 찌우 싱 러.
一摁就行了。
Yí èn jiù xíng le.

▶ 전신사진으로 찍어 주세요.

짜오 취엔션 샹 바.
照全身相吧。
Zhào quánshēn xiàng ba.

상반신　半身
　　　　　　빤션
　　　　　bànshēn

▶ 저하고 사진 한 장 찍으시겠어요?

껀 워 이치 짜오 쨩 샹, 하오 마?
跟我一起照张相，好吗?
Gēn wǒ yìqǐ zhào zhāng xiàng, hǎo ma?

▶ 이곳에서 비디오 촬영을 해도 됩니까?

쩔 커이 서샹 마?
这儿可以摄像吗?
Zhèr kěyǐ shèxiàng ma?

| 이건 덤~ |

요즘에는 스마트폰이나 디지털 카메라를 이용하면 편하지만, 필름 카메라로 사진을 찍는다면 현지에서 현상을 하는 것이 좋다. 현상비가 저렴하기 때문이다.

▶ 필름 한 통 주세요.

워 야오 이 쥐엔 쨔오쥐알.

我要一卷胶卷儿。
Wǒ yào yì juǎn jiāojuǎnr.

▶ 필름을 현상해 주세요.

칭 총시 이샤 쨔오쥐알.

请冲洗一下胶卷儿。
Qǐng chōngxǐ yíxià jiāojuǎnr.

화장실 이용

▶ 화장실은 어디에 있어요?

시서우찌엔 짜이 날?

洗手间在哪儿?
Xǐshǒujiān zài nǎr?

▶ 무료입니까, 유료입니까?

스 미엔페이 하이스 서우페이?

是免费还是收费?
Shì miǎnfèi háishi shōufèi?

| 이건 덤~ |

시내나 관광지의 유료 화장실은 보통 1위안씩 받으며, 최신 시설을 갖추고 있다. 유료 화장실에서는 휴지도 같이 준다.

▶ 화장지는 있습니까?

여우 웨이성즈 마?
有卫生纸吗?
Yǒu wèishēngzhǐ ma?

▲ 최신식 시설의 유료 화장실

길 묻기

▶ 길을 잃었습니다.

워 미루 러.
我迷路了。
Wǒ mílù le.

▶ (지도를 가리키며) 루쉰공원에는 어떻게 갑니까?

루쉰 꽁위엔 전머 저우?
鲁迅公园怎么走?
Lǔxùn Gōngyuán zěnme zǒu?

쩌리
여기 这里
zhèli

▶▶ 곧장 가다가 오른쪽으로 도세요.

이즈 저우, 란허우 왕 여우 과이.
一直走，然后往右拐。
Yìzhí zǒu, ránhòu wǎng yòu guǎi.

▶ 여기는 어디입니까?

쩌리 스 선머 띠팡?
这里是什么地方?
Zhèli shì shénme dìfang?

▶ 걸어서 얼마나 걸려요?

저우 루 야오 뚜어 창 스찌엔?

走路要多长时间？

Zǒu lù yào duō cháng shíjiān?

쭈어 처
차를 타다 坐车
zuò chē

▶ 그 주변에 큰 건물 같은 게 있나요?

날 여우 메이여우 뺘오쯔싱 더 찌엔쭈?

那儿有没有标志性的建筑？

Nàr yǒu méiyǒu biāozhìxìng de jiànzhù?

▶ 길을 건너야 하나요?

야오 꾸어 마루 마?

要过马路吗？

Yào guò mǎlù ma?

▶ 여기에서 멉니까?

리 쩔 위엔 마?

离这儿远吗？

Lí zhèr yuǎn ma?

찐
가깝다 近
jìn

극장·공연 예약하기

▶ 오늘 표 있어요?

여우 메이여우 찐티엔 더 퍄오?

有没有今天的票?

Yǒu méiyǒu jīntiān de piào?

▶ 저녁 영화는 몇 시에 시작하나요?

완창 **띠엔잉** 선머 스허우 카이스?

晚场**电影**什么时候开始?

Wǎnchǎng diànyǐng shénme shíhou kāishǐ?

	화쮜
연극	话剧 huàjù
서커스	자찌 杂技 zájì

▶▶ 6시에 시작합니다.

리우 디엔 카이스.

六点开始。

Liù diǎn kāishǐ.

▶ 두 장 예약해 주세요.

워 야오 띵 량 쨩 퍄오.

我要订两张票。

Wǒ yào dìng liǎng zhāng piào.

▶ 몇 시에 끝나요?

지 디엔 지에수?

几点结束?

Jǐ diǎn jiéshù?

▶ 프로그램 표 한 장 주세요.

칭 게이 워 이 짱 지에무뱌오.

请给我一张节目表。

Qǐng gěi wǒ yì zhāng jiémùbiǎo.

▶ 공연 시간은 얼마나 됩니까?

상옌 스찌엔 여우 뚜어 창?

上演时间有多长?

Shàngyǎn shíjiān yǒu duō cháng?

▶ 좋은 자리로 주세요.

게이 워 하오 이디알 더 쭈어웨이.

给我好一点儿的座位。

Gěi wǒ hǎo yìdiǎnr de zuòwèi.

경극은 당일 예약이 가능하다. 베이징에서 경극을 공연하는 주요 극장으로는 라오서 차관(老舍茶馆), 쩡이츠시러우(正乙祠戏楼) 등이 있는데, 주소와 전화번호는 다음과 같다.

· 라오서 차관: 北京市西城区前门西大街三号楼
  (010)6552-4990, 400-0829-115

· 쩡이츠시러우: 北京市宣武区前门西河沿街220号
  (010)6303-6002

▶ 아까 예약하고 왔는데요.

깡차이 워 위띵하오 러.

刚才我预订好了。

Gāngcái wǒ yùdìnghǎo le.

▶ 제 자리가 어디인가요?

워 더 쭈어웨이 짜이 날?

我的座位在哪儿?

Wǒ de zuòwèi zài nǎr?

▶ 자리 좀 바꿔 주시겠어요?

칭 환 이샤 쭈어웨이, 하오 마?

请换一下座位，好吗？

Qǐng huàn yíxià zuòwèi, hǎo ma?

▶ 저 배우는 유명한가요?

나거 옌위엔 여우밍 마?

那个演员有名吗？

Nàge yǎnyuán yǒumíng ma?

▶ 경극 의상이 멋있군요.

찡쮜 푸쫭 하오칸.

京剧服装好看。

Jīngjù fúzhuāng hǎokàn.

▲ 경극 공연 장면

▸ 오늘 공연 참 좋았어요.

찐티엔 더 뱌오옌 헌 찡차이.

今天的表演很精彩。

Jīntiān de biǎoyǎn hěn jīngcǎi.

골프, 노래방, 나이트클럽

▸ 골프 치는 데 얼마입니까?

다 까오얼푸 뚜어사오 치엔?

打高尔夫多少钱?

Dǎ gāo'ěrfū duōshao qián?

▸▸ 일인당 800위안입니다.

메이 거 런 빠바이 위엔.

每个人八百元。

Měi ge rén bābǎi yuán.

▸ 골프채를 대여하나요?

치우깐 커이 쭈 마?

球杆可以租吗?

Qiúgān kěyǐ zū ma?

| 운동화 | 치우시에
球鞋
qiúxié |

| 이건 덤~ |

이전에는 레저 활동비가 중국이 한국보다 싼 편이었지만, 현재 환율의 상승과 물가 상승으로 베이징과 상하이 등 대도시의 경우 한국보다 크게 싸다고 말하기 어렵게 되었다. 골프 라운딩이 그 한 예이다.

▸ 팁은 얼마 정도 줘야 하나요?

샤오페이 뚜어사오 치엔 너?

小费多少钱呢?

Xiǎofèi duōshao qián ne?

▸ 이 호텔에는 노래방이 있습니까?

쩌 지우띠엔 리 여우 카라OK 마?

这酒店里有卡拉OK吗?

Zhè jiǔdiàn li yǒu kǎlāOK ma?

| 술집 | 지우빠
酒吧
jiǔbā |

▸ 룸 하나 빌리는 데 얼마입니까?

이 찌엔 빠오팡 뚜어사오 치엔?

一间包房多少钱?

Yì jiān bāofáng duōshao qián?

▸▸ 시간당 100위안입니다.

안 이 거 샤오스 이바이 위엔.

按一个小时一百元。

Àn yí ge xiǎoshí yìbǎi yuán.

▸ 나이트클럽 입장료는 얼마입니까?

예종후이 먼퍄오 뚜어사오 치엔?

夜总会门票多少钱?

Yèzǒnghuì ménpiào duōshao qián?

▲ 나이트클럽 중국의 나이트클럽에서는
주로 일본·한국 가요를 틀어 준다.

| 이건 덤~ |

중국의 나이트클럽에서는 입장료를 받기보다 테이블당 기본으로 주문해야 하
는 음식과 음료의 가격이 정해져 있는 경우가 많다.

▸ 맥주나 음료수는 어떻게 계산하나요?

피지우 허 인랴오 전머 쏸?

啤酒和饮料怎么算?

Píjiǔ hé yǐnliào zěnme suàn?

미용실·안마소에서

▸ 머리 자르는 데 얼마입니까?

지엔 터우파 뚸어사오 치엔?

剪头发多少钱?

Jiǎn tóufa duōshao qián?

	탕파
파마하다	烫发
	tàngfà

▸▸ 어떤 헤어스타일을 원하세요?

니 샹 지엔 선머 양 더 파싱?

你想剪什么样的发型?

Nǐ xiǎng jiǎn shénme yàng de fàxíng?

▸ 짧게 잘라 주세요.

워 야오 두안 이디알.

我要短一点儿。

Wǒ yào duǎn yìdiǎnr.

▸ 이 사진처럼 해 주세요.

짜오 쩌 짱 짜오피엔 지엔 이샤.

照这张照片剪一下。

Zhào zhè zhāng zhàopiàn jiǎn yíxià.

▶ 파마해 주세요.

워 야오 탕 터우파.
我要烫头发。
Wǒ yào tàng tóufa.

염색하다 染头发
란 터우파
rǎn tóufa

▶ 머리 좀 정리해 주세요.

시우 이샤.
修一下。
Xiū yíxià.

▲ **미용실** 미용과 안마를 같이 하는 곳도 있다.

▶▶ 안마하시겠습니까?

닌 쉬야오 쭈어 안모 마?
您需要做按摩吗?
Nín xūyào zuò ànmó ma?

▶ 전신 안마를 받고 싶어요.

워 샹 쭈어 취엔션 안모.
我想做全身按摩。
Wǒ xiǎng zuò quánshēn ànmó.

▶▶ 샴푸해 드릴까요?

닌 야오 시터우 마?
您要洗头吗?
Nín yào xǐtóu ma?

드라이 吹风
추이펑
chuīfēng

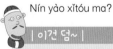

| 이건 덤~ |

한국의 미용 기술을 선호하는 중국인들이 많아짐에 따라 중국에 진출한 한국 브랜드의 미용실이 많아졌다. 일반적으로 한국 미용실은 중국의 미용실보다 높은 금액을 받는다.

관광지

있나요?

여우 메이여우
有没有 ?
Yǒu méiyǒu ?

여행 가이드북 뤼싱 즈난 旅行指南 lǚxíng zhǐnán		관광 안내 책자 꽌꽝 서우처 观光手册 guānguāng shǒucè	
여행 지도 여우란투 游览图 yóulǎntú	카메라 짜오샹찌 照相机 zhàoxiàngjī	필름 짜오쥐알 胶卷儿 jiāojuǎnr	가이드 다오여우 导游 dǎoyóu
렌트하다 빠오처 包车 bāochē	명승고적 밍성 구찌 名胜古迹 míngshèng gǔjì	사진을 찍다 짜오샹 照相 zhàoxiàng	현상하다 총시 冲洗 chōngxǐ
사진 짜오피엔 照片 zhàopiàn	플래시 산꽝 闪光 shǎnguāng	반일 투어 빤 르 여우 半日游 bàn rì yóu	일일 투어 이 르 여우 一日游 yí rì yóu

하루 세 코스 관광 이르싼여우
一日三游
yí rì sān yóu

하루 다섯 코스 관광 이르우여우
一日五游
yí rì wǔ yóu

가이드비 다오여우페이
导游费
dǎoyóufèi

투어비 뤼여우페이
旅游费
lǚyóufèi

집합 시간 지허 스찌엔
集合时间
jíhé shíjiān

출발 시간 추파 스찌엔
出发时间
chūfā shíjiān

입장권 먼퍄오
门票
ménpiào

관람권 찬꽌취엔
参观券
cānguānquàn

절, 사찰 쓰먀오
寺庙
sìmiào

어른 따런
大人
dàrén

어린이 얼퉁
儿童
értóng

여행사 뤼싱서
旅行社
lǚxíngshè

관광 버스 뤼여우처
旅游车
lǚyóuchē

여행 성수기 뤼여우 왕찌
旅游旺季
lǚyóu wàngjì

여행 비수기 뤼여우 딴찌
旅游淡季
lǚyóu dànjì

무료 미엔페이
免费
miǎnfèi

티켓료 퍄오쨔
票价
piàojià

외국인용 티켓 와이삔퍄오
外宾票
wàibīnpiào

골프 까오얼푸	골프채 치우깐	테니스 왕치우	라켓 치우파이
高尔夫	球杆	网球	球拍
gāo'ěrfū	qiúgān	wǎngqiú	qiúpāi

당구 타이치우	트럼프 푸커	서커스 자찌	좌석 쭈어웨이
台球	扑克	杂技	座位
táiqiú	pūkè	zájì	zuòwèi

영화 띠엔잉	연극 화쮜	경극 찡쮜	연기 뱌오옌
电影	话剧	京剧	表演
diànyǐng	huàjù	Jīngjù	biǎoyǎn

배우 옌위엔	프로그램 표 지에무뱌오		흥미 있다 여우취
演员	节目表		有趣
yǎnyuán	jiémùbiǎo		yǒuqù

(셔터를) 누르다 언	볼링장 바오링치우관	태극권 타이지취엔	그림자극 피잉시
摁	保龄球馆	太极拳	皮影戏
èn	bǎolíngqiúguǎn	tàijíquán	píyǐngxì

마작 마쟝	장기 샹치	안마 안모	이발소 리파띠엔
麻将	象棋	按摩	理发店
májiàng	xiàngqí	ànmó	lǐfàdiàn

미용실 메이룽위엔	요금표 쨔무뱌오	이발하다 지엔 터우파	
美容院	价目表	剪头发	
měiróngyuàn	jiàmùbiǎo	jiǎn tóufa	

앞가르마 쫑펀	옆가르마 삐엔펀	면도 꽈 후즈	헤어스타일 파싱
中分	边分	刮胡子	发型
zhōngfēn	biānfēn	guā húzi	fàxíng

주의 표지

사진 촬영 금지 찐즈 파이짜오
禁止拍照
jìnzhǐ pāizhào

출입 금지 찐즈 루네이
禁止入内
jìnzhǐ rùnèi

여행객 출입 금지 여우런 즈뿌
游人止步
yóurén zhǐbù

만지지 마세요 칭 우 똥서우
请勿动手
qǐng wù dòngshǒu

아무 데나 침을 뱉지 마세요 칭 우 수이띠 투탄
请勿随地吐痰
qǐng wù suídì tǔtán

침 뱉지 마세요 칭 우 투탄
请勿吐痰
qǐng wù tǔtán

위반자는 벌금 웨이저 파콴
违者罚款
wéizhě fákuǎn

페인트 주의 여우치 웨이 깐
油漆未干
yóuqī wèi gān

7 ▶ 트러블 현명하게 대처하기

빵망……

帮忙……

bāngmáng……

'도와주다'라는 뜻으로 긴급한 상황에서 부탁할 때 쓰는 표현이다.

예 **급해요. 좀 도와주세요!**

워 여우 지 스, 칭 빵망 바!
我有急事，请帮忙吧!
Wǒ yǒu jí shì, qǐng bāngmáng ba!

중국을 여행하다 보면 길을 잃어버리거나 몸이 아플 수 있고, 물건을 분실하거나 도난당할 수 있다. 특히 중국어가 잘 되지 않는 사람들은 긴급 상황에서 당황하기 쉬운데, 몇 가지 긴급 상황 대비 요령만 알면 어렵지 않게 문제를 해결할 수 있다.

여권 분실 시

긴급 상황에 대비해 여권 사본을 따로 두어 여권과 분리하여 두는 것이 좋다. 또 소지품을 보관소에 맡기고 여행지를 돌아다닌다면 여권 사본만 들고 다니는 게 좋다. 그래도 만약 여권을 분실했다면 다음 순서대로 하자.

▲ 중국의 경찰에 해당하는 공안(公安)의 순찰차

호텔 혹은 거주지 관할 파출소에서 임시 거주 증명을 받는다.

거주지 관할 파출소에서 여권 분실 신고를 한 후, 여권 분실 확인서를 받는다.

공안국 출입국 관리처에서 여권 분실 증명서를 받는다.
❖ **구비서류:** 임시 거주 증명서, 여권 분실 확인서, 신분증(주민등록증, 운전면허증), 여권용 사진 2매, 분실 사유서(지역 소정 양식)

대사관 및 영사관에서 여행 증명서(임시 여권)를 발급받는다.
❖ **구비서류:** 공안국 발행 여권 분실 증명서, 신분증, 여권용 사진 1~2매, 여권 발급 신청서, 여권 분실 사유서
❖ **수수료:** 약 50위안

공안국 출입국 관리처에 비자를 신청한다.
❖ **구비서류:** 여행 증명서, 여권 분실 증명서 ❖ **수수료:** 약 160위안

공안국 증명서를 제외하고도 여권, 비자를 재발급받는 데 평균 1~2주, 길게는 한 달의 시간이 소요된다는 점을 참고하자.

➤ **중국 내 한국 공관 전화번호**

중국 내 한국 공관	전화번호
주 중국대사관	(010)8531-0700
주 상하이(上海) 총영사관	(021)6295-5000
주 칭다오(靑島) 총영사관	(0532)8897-6001
주 홍콩(香港) 총영사관	(852)2529-4141

여권과 마찬가지로 항공권도 분실에 대비해서 미리 복사해 두는 것이 좋다. 여행 중 항공권을 분실했을 때 재발급받는 방법은 다음과 같다.

해당 공안국에 가서 분실·도난 증명서를 발급받는다.
(항공사에 따라서는 이 증명서가 없어도 되니 해당 항공사에 먼저 문의한다.)

분실·도난 증명서를 가지고 해당 항공사에 가서 항공권을 재발급받는다.
❖ 재발급 수수료: 200~400위안   ❖ 소요기간: 2~3일

시간이 촉박할 때는 새 항공권을 구입하고 귀국 후 새 항공권에 대한 환불을 요청할 수 있다. 단, 분실 항공권이 할인 항공권이라면 환불을 받지 못할 수도 있다.
(항공사마다 다를 수 있으니 먼저 문의를 해야 한다.)

➤ 주요 항공사 중국 서비스 센터 전화번호

항공사	중국 서비스 센터 전화번호
대한항공	40065-88888 *해외에서 이용 시: +86-532-8378-7024 홍콩(광둥어): +852-2366-2001
아시아나항공	+86-10-8451-0101

신용카드 분실 시

신용카드를 분실했다면 그 즉시 카드사로 전화하여 분실 신고
및 사용 정지 신청을 해야 한다. 만약을 대비해 카드번호와 유
효기간은 따로 적어 두자.

➤ 주요 카드사의 한국 ARS 전화번호

비씨카드 (02)950-8510	우리카드 (02)6958-9000
국민카드 (02)6300-7300	삼성카드 (02)2000-8100
하나카드 1800-1111	현대카드 (02)3015-9000
신한카드 1544-7000	롯데카드 1588-8300

현금 분실 시

현금을 잃어버렸을 때는 외교부에서 제공하는 신속 해외 송금
지원 제도를 이용할 수 있다. 국내에서 외교부 계좌로 돈을 입금
하면 해당 재외공관에서 현지 화폐로 받을 수 있는 제도이다. 가
까운 대사관이나 영사관을 통해 신청하여 이용하도록 하자.

여행자수표 분실 시

여행자수표(T/C)는 파출소에 분
실 신고를 하고 발행한 은행에
가서 재발급 신청을 해야 한다.
이때 T/C상에 서명을 하는 난
이 두 군데 있는데, 두 군데 모두

▲ 여행자수표

서명이 되어 있는 것을 분실했을 경우에는 재발급되지 않으니, T/C상의 한 군데만 서명해 놓아야 한다.

➤ **아플 때:** 아플 때를 대비해서 상비약을 철저히 준비하는 것이 필요하다. 그러나 생각보다 병이 심각하면 가까운 병원에 찾아가면 된다.

➤ **교통사고가 났을 때:** 사고 발생 즉시 공안에 신고(경찰 110)를 한다. 택시를 타고 가다 사고가 났을 경우 택시 회사나 기사가 보상 책임을 부담하므로 택시번호, 운전기사 인적사항 및 연락처 등을 확보해야 한다.

단체 관광으로 떠날 경우 보험 가입은 여행사측에서 처리해 주고, 개별 여행의 경우에는 공항에서 직접 가입할 수 있다. 보험 신청서에 내용을 기입하고 자신에게 맞는 보험을 들어 보험료를 지불하면 된다. 기본적으로 상해와 질병으로 나누어지고 다시 사망, 후유 보험으로 질병 사망, 질병 치료 등으로 세분화되어 있는데 본인의 상황에 따라 정하면 된다. 보험료는 2일부터 2개월까지 지불하는 방식이 있으니 자신의 여행 기간에 맞게 적용하면 된다.

➤ 시내전화 거는 법

스마트폰은 별도의 신청 없이 해외 로밍이 되므로 한국에서
와 같이 바로 전화를 걸면 된다.(단 해외 로밍 요금은 사전에
잘 확인하도록 하자.) 스마트폰을 이용할 수 없을 경우 공중
전화나 전화방을 이용할 수 있다.

- **공중전화**: 동전이나 IC카드를 이용한다.
- **전화방**: 시설은 허름하지만 이용 요금이 저렴하다.

❖ 휴대전화로 걸 때: 1308-123-4567
  _{통신사번호}

❖ 시내전화를 걸 때: 1234-4567
  _{국번}

❖ 시외전화를 걸 때: 021-1234-5678
  _{지역번호   국번}

➤ 국제전화 거는 법

마찬가지로 스마트폰을 이용하면 편
하게 국제전화를 걸 수 있지만, 스마
트폰을 이용할 수 없을 경우 IC카드
나 IP카드를 이용하여 국제전화를 걸
거나 콜렉트콜을 이용한다. IP카드는

▲ IP카드

최대 50%까지 할인이 되기 때문에 많이 이용된다.

❖ IC카드: 00-82-2-736-2031
  _{국제전화 식별번호   국가번호   0을 뺀 지역번호}

❖ IP카드: IP카드 일련번호-비밀번호-00-82-2-736-2031

❖ 수신자 부담:
  108-2-821-ARS안내-4번 선택-한국 전화번호 입력
  _{국가별 접속번호}

1

길을 잃었습니다.

워 미루 러.

我迷路了。

Wǒ mílù le.

2

한국 영사관은 어디에 있습니까?

한구어 링스관 짜이 날?

韩国领事馆在哪儿?

Hánguó lǐngshìguǎn zài nǎr?

3

천천히 말씀해 주세요. / 다시 한번 말씀해 주세요.

칭 만 디알 수어. / 짜이 수어 이 삐엔.

请慢点儿说。 / 再说一遍。

Qǐng màn diǎnr shuō. / Zài shuō yí biàn.

4

여권을 분실했어요.

워 띠우 러 후짜오.

我丢了护照。

Wǒ diū le hùzhào.

5

제 지갑을 도둑맞았어요.

워 더 치엔빠오 뻬이 터우 러.

我的钱包被偷了。

Wǒ de qiánbāo bèi tōu le.

경찰을 불러 주세요.

칭 쨔오 징차 라이.

请叫警察来。

Qǐng jiào jǐngchá lái.

한국어 통역이 필요합니다.

워 야오 한구어 판이.

我要韩国翻译。

Wǒ yào Hánguó fānyì.

빠른 우편으로 할게요.

워 야오 콰이띠.

我要快递。

Wǒ yào kuàidì.

감기약 좀 주세요.

칭 게이 워 간마오야오.

请给我感冒药。

Qǐng gěi wǒ gǎnmàoyào.

한국으로 전화를 걸고 싶습니다.

워 야오 왕 한구어 다 띠엔화.

我要往韩国打电话。

Wǒ yào wǎng Hánguó dǎ diànhuà.

분실·도난

수하물 분실

▸ 제 짐이 없는 것 같아요.

하오샹 메이여우 워 더 싱리.
好像没有我的行李。
Hǎoxiàng méiyǒu wǒ de xíngli.

▸▸ 짐 분실처로 가서 물어보세요.

니 따오 싱리 짜오링추 원 바.
你到行李招领处问吧。
Nǐ dào xíngli zhāolǐngchù wèn ba.

▸ 제 짐을 찾지 못했는데, 어떻게 하죠?

워 자오 부 따오 워 더 싱리 러, 전머 빤?
我找不到我的行李了，怎么办?
Wǒ zhǎo bu dào wǒ de xíngli le, zěnme bàn?

▸▸ 어느 편 비행기로 오셨습니까?

니 청쭈어 더 스 나 츠 항빤?
你乘坐的是哪次航班?
Nǐ chéngzuò de shì nǎ cì hángbān?

222

▶ (항공권을 보여 주며) 이 비행기로 왔습니다.

워 쭈어 더 스 쩌거 항빤.
我坐的是这个航班。
Wǒ zuò de shì zhège hángbān.

▶▶ 수하물 보관증이 있습니까?

니 여우 싱리파이 마?
你有行李牌吗?
Nǐ yǒu xínglipái ma?

▶ (찾는 데) 오래 걸리나요?

후이 화 헌 창 더 스찌엔 마?
会花很长的时间吗?
Huì huā hěn cháng de shíjiān ma?

▶ 찾거든 이쪽으로 연락 주세요.

자오따오 더화, 칭 통꾸어 쩌거 띠엔화 하오마 껀 워 리엔시.
找到的话，请通过这个电话号码跟我联系。
Zhǎodào dehuà, qǐng tōngguò zhège diànhuà hàomǎ gēn wǒ liánxì.

분실·도난 1

▶ 살려 주세요!

찌우밍!
救命!
Jiùmìng!

▶ 도둑이야!

샤오털!

小偷儿!

Xiǎotōur!

▶ 도둑맞았어요!

뻬이 터우 러!

被偷了!

Bèi tōu le!

▶ 경찰을 불러 주세요.

칭 쨔오 징차 라이.

请叫警察来。

Qǐng jiào jǐngchá lái.

▶ 파출소는 어디에 있습니까?

파이추수어 짜이 날?

派出所在哪儿?

Pàichūsuǒ zài nǎr?

> 꽁안쮜
> 공안국　公安局
> gōng'ānjú

▶▶ 저를 따라 오세요.

칭 껀 워 라이.

请跟我来。

Qǐng gēn wǒ lái.

▶▶ 무슨 일이십니까?

여우 선머 스?

有什么事?

Yǒu shénme shì?

▶ 제 지갑을 도둑맞았어요.

워 더 **치엔빠오** 뻬이 터우 러.
我的**钱包**被偷了。
Wǒ de qiánbāo bèi tōu le.

피빠오
가방 皮包
píbāo

분실·도난 2

▶ 여권을 분실했어요.

워 띠우 러 후짜오.
我丢了护照。
Wǒ diū le hùzhào.

찌퍄오	신용카
항공권 机票	신용카드 信用卡
jīpiào	xìnyòngkǎ

▶▶ 어디에서 잃어버렸습니까?

짜이 날 띠우 러?
在哪儿丢了？
Zài nǎr diū le?

▶ 택시에서 잃어버린 것 같아요.

하오샹 띠우짜이 추쭈처 리 러.
好像丢在出租车里了。
Hǎoxiàng diūzài chūzūchē li le.

꽁꽁 치처
버스 公共汽车
gōnggòng qìchē

▶▶ 택시 영수증을 가지고 있나요?

니 여우 쩌거 추쭈처 더 파퍄오 마?
你有这个出租车的发票吗？
Nǐ yǒu zhège chūzūchē de fāpiào ma?

▸▸ 지갑 안에는 무엇이 들어 있습니까?

치엔빠오 리, 여우 선머 똥시 너?

钱包里，有什么东西呢?

Qiánbāo li, yǒu shénme dōngxi ne?

▸ 현금 1000위안과 신용카드, 신분증 등이 있습니다.

여우 시엔찐 이치엔 콰이, 신용카, 선펀쩡 덩덩.

有现金1000块，信用卡，身份证等等。

Yǒu xiànjīn yìqiān kuài, xìnyòngkǎ, shēnfènzhèng děngděng.

▸ 한국어 통역이 필요합니다.

워 야오 한구어 판이.

我要韩国翻译。

Wǒ yào Hánguó fānyì.

▸ 신용카드를 중지시켜 주세요.

워 야오 따오샤오 워 더 신용카.

我要吊销我的信用卡。

Wǒ yào diàoxiāo wǒ de xìnyòngkǎ.

길을 잃었을 때

▸ 좀 도와주세요.

칭 빵 워 이샤.

请帮我一下。

Qǐng bāng wǒ yíxià.

▶ 길을 잃었습니다.

워 미루 러.
我迷路了。
Wǒ mílù le.

▶ 저는 지도의 어느 위치에 있습니까?

워 짜이 띠투 더 선머 웨이쯔?
我在地图的什么位置？
Wǒ zài dìtú de shénme wèizhì?

▶▶ 여기쯤입니다.

따까이 스 짜이 쩌리.
大概是在这里。
Dàgài shì zài zhèli.

▶ 한국 영사관에 가려고 합니다.

워 샹 야오 따오 한구어 링스관 취.
我想要到韩国领事馆去。
Wǒ xiǎng yào dào Hánguó lǐngshìguǎn qù.

▶ 여기서 멉니까?

리 쩔 위엔 마?
离这儿远吗？
Lí zhèr yuǎn ma?

| 가깝다 | 찐
近
jìn |

| 이건 덤~ |

중국은 도로명주소를 사용하는데 거리의 표지판을
참고하면 길을 쉽게 찾을 수 있다.

▲ 도로의 표지판

사고

교통사고

▶ 교통사고를 당했어요.

워 위따오 쨔오통 스꾸 러.

我遇到交通事故了。

Wǒ yùdào jiāotōng shìgù le.

▶ 차에 치였습니다.

뻬이 처 쫭 러.

被车撞了。

Bèi chē zhuàng le.

▶ 공안을 불러 주세요.

칭 쨔오 꽁안.

请叫公安。

Qǐng jiào gōng'ān.

징차 경찰 警察 jǐngchá	찌우후처 구급차 救护车 jiùhùchē

▶ 저는 횡단보도를 건너고 있었습니다.

워 쩡 꾸어 런싱 헝따오.

我正过人行横道。

Wǒ zhèng guò rénxíng héngdào.

▸ 저 차가 갑자기 다가와서 부딪쳤습니다.

투란 쩌 량 처즈 바 워 쫭다오 러.

突然这辆车子把我撞倒了。

Tūrán zhè liàng chēzi bǎ wǒ zhuàngdǎo le.

▸▸ 어디 다치신 데는 없습니까?

여우 메이여우 서우샹?

有没有受伤?

Yǒu méiyǒu shòushāng?

▸ 다리가 좀 불편합니다.

워 더 쟈오 여우디알 통.

我的脚有点儿痛。

Wǒ de jiǎo yǒudiǎnr tòng.

꺼보	보즈
팔 胳膊	목 脖子
gēbo	bózi

병원 이용하기 1

▸ 어디에서 진료를 봐야 합니까?

워 까이 취 날 칸삥?

我该去哪儿看病?

Wǒ gāi qù nǎr kànbìng?

▸▸ 어디가 아프십니까?

닌 날 뿌 수푸?

您哪儿不舒服?

Nín nǎr bù shūfu?

▶ 다리를 다쳤습니다.

워 더 쟈오 서우상 러.

我的脚受伤了。

Wǒ de jiǎo shòushāng le.

▶ 염증이 생겼어요.

파옌 러.

发炎了。

Fāyán le.

▶ 삐었어요.

니우상 러.

扭伤了。

Niǔshāng le.

▶ 입원해야 하나요?

야오 쭈위엔 마?

要住院吗?

Yào zhùyuàn ma?

▶ 약은 어디에서 타나요?

짜이 날 커이 카이야오?

在哪儿可以开药?

Zài nǎr kěyǐ kāiyào?

▶ 수납처는 어디입니까?

서우콴추 짜이 날?

收款处在哪儿?

Shōukuǎnchù zài nǎr?

▶ 진료비는 얼마입니까?

쯔랴오페이 뚜어사오 치엔?

治疗费多少钱？

Zhìliáofèi duōshao qián?

▶ 몸이 좋지 않습니다.

워 쥐에더 뿌 수푸.

我觉得不舒服。

Wǒ juéde bù shūfu.

▶ 알레르기가 있어요.

워 여우 꾸어민쩡.

我有过敏症。

Wǒ yǒu guòmǐnzhèng.

▶ 머리가 아파요.

터우텅.

头疼。

Tóuténg.

뚜즈	허우롱
배 肚子	목 喉咙
dùzi	hóulóng

▶ 여기가 아파요.

쩌리 헌 통.

这里很痛。

Zhèli hěn tòng.

▶ 열이 나요.

파샤오.

发烧。

Fāshāo.

▶ 기침이 나요.

커서우.

咳嗽。

Késou.

▶ 콧물이 나요.

리우 비티.

流鼻涕。

Liú bítì.

▶ 감기에 걸린 것 같아요.

하오샹 간마오 러.

好像感冒了。

Hǎoxiàng gǎnmào le.

약국 이용하기

▶ 하루에 몇 번 먹습니까?

이 티엔 츠 지 츠?

一天吃几次?

Yì tiān chī jǐ cì?

▸▸ 매일 두 번, 두 알씩 드세요.

메이티엔 량 츠, 메이 츠 량 리.

每天两次，每次两粒。

Měitiān liǎng cì, měi cì liǎng lì.

▸ 심한가요?

옌쭝 마?

严重吗?

Yánzhòng ma?

▸ 설사를 해요.

시에 뚜즈.

泻肚子。

Xiè dùzi.

▸ 차멀미를 해요.

윈처.

晕车。

Yùnchē.

▸ 감기약 있나요?

여우 메이여우 간마오야오?

有没有感冒药?

Yǒu méiyǒu gǎnmàoyào?

▸ 이틀 치만 주세요.

워 야오 량 티엔 더.

我要两天的。

Wǒ yào liǎng tiān de.

공공장소

전화 걸기

▸ 전화 카드는 어디에서 팝니까?

띠엔화카 짜이 날 마이?

电话卡在哪儿卖?

Diànhuàkǎ zài nǎr mài?

▸ 20위안 짜리로 주세요.

워 야오 얼스 콰이 더.

我要二十块的。

Wǒ yào èrshí kuài de.

50위안	우스 콰이 五十块 wǔshí kuài
100위안	이바이 콰이 一百块 yìbǎi kuài

▸ 얼마짜리 동전을 넣어야 합니까?

야오 터우 지 콰이 더 잉삐?

要投几块的硬币?

Yào tóu jǐ kuài de yìngbì?

▸ 국제전화를 걸려고 합니다.

워 야오 다 구어찌 띠엔화.

我要打国际电话。

Wǒ yào dǎ guójì diànhuà.

시내	스네이 市内 shìnèi	시외	창투 长途 chángtú

234

▶ 한국으로 걸고 싶습니다.

워 야오 왕 한구어 다 띠엔화.

我要往韩国打电话。

Wǒ yào wǎng Hánguó dǎ diànhuà.

▶ 전화가 안 걸려요!

다 부 퉁!

打不通！

Dǎ bu tōng!

▶ 전화비가 얼마죠?

띠엔화페이 뚜어사오 치엔?

电话费多少钱？

Diànhuàfèi duōshao qián?

▶ 여보세요.

웨이!

喂！

Wèi!

▶▶ 누구를 찾으세요?

니 자오 쉐이?

你找谁？

Nǐ zhǎo shéi?

▶ 잘 안 들려요.

팅 부 칭추.

听不清楚。

Tīng bu qīngchu.

▸▸ 잘못 거셨어요.

니 다추어 러.

你打错了。

Nǐ dǎcuò le.

▸ 잠시 후에 다시 걸겠습니다.

워 따이 후얼 짜이 다.

我待会儿再打。

Wǒ dāi huìr zài dǎ.

▸ 계속 통화 중입니다.

이즈 짠시엔.

一直占线。

Yìzhí zhànxiàn.

전화 안내 방송

▸▸ 중국 왕통 IP전화를 이용해 주셔서 감사합니다. 보통화 안내
는 1번, 영어 안내는 2번, 광둥어 안내는 3번을 눌러 주세요.

환잉 스용 쭝구어 왕통 IP 띠엔화, 푸통화 푸우 칭 안 이, 잉위 칭
안 얼, 광똥화 칭 안 싼.

欢迎使用中国网通IP电话，普通话服务请按
"1"，英语请按"2"，广东话请按"3"。

Huānyíng shǐyòng Zhōngguó Wǎngtōng IP diànhuà, pǔtōnghuà fúwù
qǐng àn "yī", Yīngyǔ qǐng àn "èr", Guǎngdōnghuà qǐng àn "sān".

▸ 카드 번호를 누르시고 우물 정 자를 눌러 주십시오.

칭 수루 닌 더 짱하오, 안 징 하오 찌엔 지에수.

请输入您的帐号，按"#"号键结束。

Qǐng shūrù nín de zhànghào, àn "jǐng" hào jiàn jiéshù.

▸ 비밀번호를 누르시고 우물 정 자를 눌러 주십시오.

칭 수루 미마, 안 징 하오 찌엔 지에수.

请输入密码，按"#"号键结束。

Qǐng shūrù mìmǎ, àn "jǐng" hào jiàn jiéshù.

▸ 잘못 누르셨습니다. 비밀번호를 다시 누르시고 우물 정 자를
눌러 주십시오.

수루 더 미마 웨이수 부 쩡취에, 칭 총신 수루, 안 징 하오 찌엔 지
에수.

输入的密码位数不正确，请重新输入，按"#"
号键结束。

Shūrù de mìmǎ wèishù bú zhèngquè, qǐng chóngxīn shūrù, àn "jǐng"
hào jiàn jiéshù.

▸ 상대방의 전화번호를 누르시고 우물 정 자를 눌러 주십시오.

수루 뚜이팡 더 하오마, 안 징 하오 찌엔 지에수.

输入对方的号码，按"#"号键结束。

Shūrù duìfāng de hàomǎ, àn "jǐng" hào jiàn jiéshù.

▸ 죄송합니다. 이 전화번호는 없는 번호입니다.

뚜이부치, 메이여우 쩌거 띠엔화 하오마.

对不起，没有这个电话号码。

Duìbuqǐ, méiyǒu zhège diànhuà hàomǎ.

▶▶ 지금 거신 전화는 전원이 꺼져 있습니다.

닌 뽀다 더 띠엔화 이 꽌찌.

您拨打的电话已关机。

Nín bōdǎ de diànhuà yǐ guānjī.

은행 이용하기

▶ 무엇을 도와드릴까요?

닌 쉬야오 선머 빵망?

您需要什么帮忙?

Nín xūyào shénme bāngmáng?

▶ 계좌를 개설하고 싶습니다.

워 샹 카이 후터우.

我想开户头。

Wǒ xiǎng kāi hùtóu.

▶ 환전을 하고 싶습니다.

워 야오 환치엔.

我要换钱。

Wǒ yào huànqián.

▲ 중국의 은행은 연중무휴이다.

| 이건 덤~ |

중국의 주요 전화번호
경찰 110, 전화번호 안내 114, 시간 안내 117, 소방서 119, 구급차 120,
일기예보 121

▸▸ 얼마나 바꾸시겠습니까?

환 뚜어사오?

换多少?

Huàn duōshao?

▸ 오늘 환율이 얼마죠?

찐티엔 더 후이뤼 스 뚜어사오?

今天的汇率是多少?

Jīntiān de huìlǜ shì duōshao?

우체국 이용하기

▸ 우체국은 몇 시부터 몇 시까지 합니까?

여우쥐 더 꽁쭈어 스찌엔 총 지 디엔 따오 지 디엔?

邮局的工作时间从几点到几点?

Yóujú de gōngzuò shíjiān cóng jǐ diǎn dào jǐ diǎn?

▸▸ 오전 8시 반부터 오후 4시 반까지 영업합니다.

총 자오상 빠 디엔 빤 따오 샤우 쓰 디엔 빤.

从早上八点半到下午四点半。

Cóng zǎoshang bā diǎn bàn dào xiàwǔ sì diǎn bàn.

▸ 국제우편을 보내려고 합니다.

워 야오 찌 구어찌 여우찌엔.

我要寄国际邮件。

Wǒ yào jì guójì yóujiàn.

국제 소포	구어찌 빠오구어 国际包裹 guójì bāoguǒ

▶ 항공우편으로 보내려고 합니다.

워 야오 찌 항콩신.
我要寄航空信。
Wǒ yào jì hángkōngxìn.

	구어찌 콰이띠
EMS	国际快递 guójì kuàidì
선박우편	하이윈 海运 hǎiyùn

▶▶ 무게를 재 봐야겠어요.

야오 칸 이 칸 타 더 쯍량.
要看一看它的重量。
Yào kàn yi kàn tā de zhòngliàng.

▶ 우편 요금은 얼마입니까?

여우페이 스 뚜어사오?
邮费是多少?
Yóufèi shì duōshao?

▶ 내용물은 책입니다.

네이 쫭 우핀 스 수.
内装物品是书。
Nèi zhuāng wùpǐn shì shū.

이푸		꽝판
옷 衣服 yīfu	CD	光盘 guāngpán

| 이건 덤~ |

우체국 이용

도착 소요 시간: 항공소포는 7~10일 정도, 배편은 한 달 정도 걸린다.

중량 제한: 소포는 개당 20kg까지로 제한한다.

운송 요금: 국가마다 다르며 한국으로 보내는 항공소포는 1kg에 약 98위안이다.

영업시간: 오전 9시~오후 5시

▲ 중국 우체국

분실

⬚⬚⬚⬚ 를 잃어버렸습니다.

워 띠우 러

我丢了 ⬚⬚⬚⬚ 。

Wǒ diū le ⬚⬚⬚⬚ .

여권 후짜오	신용카드 신용카	지갑 치엔빠오	항공권 찌퍄오
护照	信用卡	钱包	机票
hùzhào	xìnyòngkǎ	qiánbāo	jīpiào

가방 피빠오	신분증 선펀쩡	워크맨 수이선팅	카메라 짜오샹찌
皮包	身份证	随身听	照相机
píbāo	shēnfènzhèng	suíshēntīng	zhàoxiàngjī

길을 잃었을 때

길을 잃다 미루	지도 띠투	약도 뤼에투	증명서 쩡밍수
迷路	地图	略图	证明书
mílù	dìtú	lüètú	zhèngmíngshū

신고하다 빠오징	한국 영사관 한구어 링스관	어디 날
报警	韩国领事馆	哪儿
bàojǐng	Hánguó lǐngshìguǎn	nǎr

있나요?

여우 　　 마?

有  吗?

Yǒu ma?

소독약 샤오두야오 **消毒药** xiāodúyào	비타민 웨이성쑤 **维生素** wéishēngsù	소화제 샤오화야오 **消化药** xiāohuàyào	감기약 간마오야오 **感冒药** gǎnmàoyào
두통약 터우퉁야오 **头痛药** tóutòngyào	위장약 웨이창야오 **胃肠药** wèichángyào	환약 완야오 **丸药** wányào	내복약 네이푸야오 **内服药** nèifúyào
연고 롼까오 **软膏** ruǎngāo	반창고 샹피까오 **橡皮膏** xiàngpígāo	멀미약 윈처야오 **晕车药** yùnchēyào	설사약 즈시에야오 **止泻药** zhǐxièyào
응급실 지전스 **急诊室** jízhěnshì	수술 서우수 **手术** shǒushù	입원 쭈위엔 **住院** zhùyuàn	퇴원 추위엔 **出院** chūyuàn
의사 이성 **医生** yīshēng	간호사 후스 **护士** hùshi	치과 야커 **牙科** yákē	내과 네이커 **内科** nèikē
외과 와이커 **外科** wàikē	산부인과 푸커 **妇科** fùkē	안과 옌커 **眼科** yǎnkē	피부과 피푸커 **皮肤科** pífūkē
체온계 티원뱌오 **体温表** tǐwēnbiǎo	외래 진찰 먼전 **门诊** ménzhěn	처방전 야오팡 **药方** yàofāng	접수 꽈하오 **挂号** guàhào

전화

전화 걸다 다 띠엔화
打电话
dǎ diànhuà

전화 받다 찌에 띠엔화
接电话
jiē diànhuà

국제전화 구어찌 띠엔화
国际电话
guójì diànhuà

시외전화 창투 띠엔화
长途电话
chángtú diànhuà

전화 요금 띠엔화페이
电话费
diànhuàfèi

공중전화 공용 띠엔화
公用电话
gōngyòng diànhuà

전화 카드 띠엔화카
电话卡
diànhuàkǎ

휴대전화 서우찌
手机
shǒujī

동전 투입 터우삐
投币
tóubì

수신자 부담 뚜이팡 푸페이
对方付费
duìfāng fùfèi

전화번호부 하오마뿌
号码簿
hàomǎbù

수화기 화통
话筒
huàtǒng

국가번호 구어하오
国号
guóhào

지역번호 취하오
区号
qūhào

전화 부스 띠엔화팅
电话亭
diànhuàtíng

은행

은행 인항
银行
yínháng

여행자수표 뤼싱 쯔퍄오
旅行支票
lǚxíng zhīpiào

계좌를 개설하다 카이후
开户
kāihù

출금하다 취콴
取款
qǔkuǎn

예금하다 춘콴
存款
cúnkuǎn

환전하다 환치엔
换钱
huànqián

통장 춘콴뿌
存款簿
cúnkuǎnbù

비밀번호 미마
密码
mìmǎ

정기예금 띵치 춘콴
定期存款
dìngqī cúnkuǎn

자동 현금인출기 쯔똥 티콴찌
自动提款机
zìdòng tíkuǎnjī

243

보통예금 후어치 춘콴	이자 리시	정기 분할 지불 펀치 푸콴
活期存款	利息	分期付款
huóqī cúnkuǎn	lìxī	fēnqī fùkuǎn

부치다 찌	우체국 여우쥐	우표 여우퍄오	엽서 밍신피엔
寄	邮局	邮票	明信片
jì	yóujú	yóupiào	míngxìnpiàn

편지 수신	편지 봉투 신펑	등기우편 꽈하오신	주소 띠즈
书信	信封	挂号信	地址
shūxìn	xìnfēng	guàhàoxìn	dìzhǐ

소포 빠오구어	끈, 줄 성즈	일반우편 푸통 여우찌엔
包裹	绳子	普通邮件
bāoguǒ	shéngzi	pǔtōng yóujiàn

항공우편 항콩 여우찌엔	우편번호 여우쩡 삐엔마
航空邮件	邮政编码
hángkōng yóujiàn	yóuzhèng biānmǎ

풀 쟝후	테이프 쨔오뿌	가위 지엔따오	창구 창커우
糨糊	胶布	剪刀	窗口
jiànghu	jiāobù	jiǎndāo	chuāngkǒu

전보를 치다 파 띠엔빠오	전보 용지 띠엔빠오딴
发电报	电报单
fā diànbào	diànbàodān

붙이다 티에	답장 후이신	접수비 꽈하오페이	우체통 여우샹
贴	回信	挂号费	邮箱
tiē	huíxìn	guàhàofèi	yóuxiāng

8 ▶ 한국으로 돌아가기

선머 스허우……

什么时候……

Shénme shíhou……

'언제 ~을 합니까?'라는 뜻으로 시간을 물어 보는 표현이다. 뒤에 동작과 관련된 단어를 넣으면 그 동작이 언제 시작하는지를 묻는 문장이 된다.

예 **언제 비행기가 출발합니까?**

선머 스허우 치페이?
什么时候起飞?
Shénme shíhou qǐfēi?

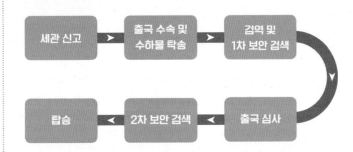

중국에서 출국할 때

| 세관 신고 | > | 출국 수속 및 수하물 탁송 | > | 검역 및 1차 보안 검색 |

| 탑승 | < | 2차 보안 검색 | < | 출국 심사 |

➤ **세관 신고**: 고가의 카메라, 노트북 등은 신고를 하고, 외국인은 소지한 돈이 미화 5000달러 이상일 경우 세관에 신고한다.

▲ 세관 신고 모습

➤ **출국 수속 및 수하물 탁송**: 출발 시간 2시간 전부터 자신이 탈 항공사 티켓 수속 창구에서 여권과 항공권을 제시하고 탑승권을 받는다. 수하물 규정은 항공사마다 다르므로 사전에 잘 체크하자.

▲ 수하물 탁송 모습

➤ **검역 및 1차 보안 검색**: 사스와 같은 전 세계적 범위의 전염병이 발생했을 경우에는 건강 진단서를 제출해야 할 수도 있다. 출국장으로 들어가면 간단한 보안 검색을 한다. 짐 속에 확인되지 않은 주류나 기준치 이상의 액체류가 있어서는 안 된다.

➤ **출국 심사**: 출국 심사대 앞에 비치된 출국 신고서를 기입하고, 여권, 탑승권, 출국 신고서를 제시한다.

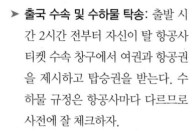

▲ **출국 신고서** 출국 심사 전 미리 기재해 두도록 하자.

➤ **2차 보안 검색:** 간단한 1차 보안 검색과는 달리 철저한 보안 검색을 한다.

위와 같은 순서를 마치고 나가면 면세점이 있으니 쇼핑을 하고 자기가 탈 비행기의 대기실에서 기다리면 된다.

한국에 도착해서

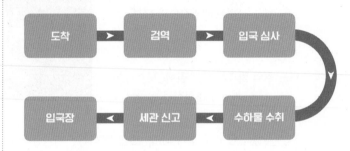

➤ **도착:** 기내에서 승무원이 나누어 주는 신고서(건강상태 질문서, 여행자 휴대품 신고서)를 비행기 안에서 미리 작성하면 입국 수속을 편리하고 신속하게 할 수 있다.

➤ **검역:** 작성한 건강상태 질문서를 제출한다. 또한 여행 중에 설사, 복통, 구토, 발열 등의 증세가 있었으면 검역관에게 신고하거나 판독기에 인식시킨다.

➤ **입국 심사:** 입국 심사대 앞에 도착하면 대기선에서 기다리다가 자신의 순서가 되면 여권을 제출하거나 판독기에 인식시킨다.

➤ **수하물 수취:** 입국 심사를 끝내고 1층으로 내려가 지정된 수
하물 수취대에서 수하물을 찾는다. 수하물이 나오지 않을
때에는 탑승한 항공편 항공사의 안내 데스크를 찾아가 분
실 신고 접수를 한다. 대형 수하물은 5번과 6번, 17번과 18
번 수하물 수취대 사이에 있는 대형 수하물 수취대에서 찾는
다.(인천공항 제1여객터미널 기준)

➤ **세관 신고:** 해외에서 입국하는 모든 여행자는 신고 물품이
없는 경우에도 반드시 여행자 휴대품 신고서를 작성하여 제
출해야 한다. 따라서 비행기 안에서 나누어 준 여행자 휴대
품 신고서에 여행자 인적 사항 및 세관 신고 대상 물품을 기
재하고 제출한다. 가족과 함께 입국하는 경우에는 가족을 포
함하여 1장만 작성하면 된다.

세관에 신고할 사항

➤ 외국에서 취득하거나 국내 면세점에서 구입한 후 해외로 가
지고 나갔다가 입국 시 재반입하는 물품으로 총 취득 가격이
미화 600달러를 초과하는 물품

➤ 면세 기준을 초과 반입한 주류, 담
배, 향수(면세 기준: 주류 1인당 1
병, 담배 1보루, 향수 60ml)

➤ 판매를 목적으로 반입하는 상용용
품 등

※ 세관 신고 관련 문의: 125

▲ 여행자 휴대품 신고서

예약을 확인하고 싶습니다.

워 샹 취에런 (워 더) 찌퍄오.

我想确认(我的)机票。

Wǒ xiǎng quèrèn (wǒ de) jīpiào.

1

공항 이용료는 얼마입니까?

찌창 찌엔서페이카 뚜어사오 치엔?

机场建设费卡多少钱?

Jīchǎng jiànshèfèikǎ duōshao qián?

2

동방항공의 카운터는 어디입니까?

똥팡 항콩 떵찌추 짜이 날?

东方航空登机处在哪儿?

Dōngfāng Hángkōng dēngjīchù zài nǎr?

3

제 짐이 중량을 초과했나요?

워 더 싱리 차오쭝 러 마?

我的行李超重了吗?

Wǒ de xíngli chāozhòng le ma?

4

25번 탑승 게이트는 어디에 있습니까?

얼스우 하오 떵찌커우 짜이 날?

二十五号登机口在哪儿?

Èrshíwǔ hào dēngjīkǒu zài nǎr?

5

이 짐을 부치려고 합니다.

워 샹 투어윈 쩌거 싱리.

我想托运这个行李。

Wǒ xiǎng tuōyùn zhège xíngli.

6

이것은 친구에게 줄 선물입니다.

쩌 스 게이 펑여우 더 리우.

这是给朋友的礼物。

Zhè shì gěi péngyou de lǐwù.

7

제 자리는 어디입니까?

워 더 쭈어웨이 짜이 날?

我的座位在哪儿？

Wǒ de zuòwèi zài nǎr?

8

멀미약 좀 주세요.

칭 게이 워 윈찌야오.

请给我晕机药。

Qǐng gěi wǒ yùnjīyào.

9

한국에는 몇 시에 도착합니까?

선머 스허우 따오 한구어?

什么时候到韩国？

Shénme shíhou dào Hánguó?

10

예약 확인

▶ 예약을 확인하고 싶습니다.

워 샹 취에런 (워 더) 찌퍄오.
我想确认(我的)机票。
Wǒ xiǎng quèrèn (wǒ de) jīpiào.

▶ 예약을 변경하고 싶습니다.

워 샹 가이삐엔 위엔 띵 더 빤찌.
我想改变原订的班机。
Wǒ xiǎng gǎibiàn yuán dìng de bānjī.

▶ 어느 비행기입니까?

나 츠 항빤?
哪次航班?
Nǎ cì hángbān?

▶ 인천행 MU334입니다.

왕 런촨 더 MU 싼 싼 쓰 항빤.
往仁川的MU三三四航班。
Wǎng Rénchuān de MU sān sān sì hángbān.

⇢ 영문 이름과 출발 시간을 말씀해 주세요.

칭 까오수 워 닌 더 잉원 밍즈 허 치페이 스찌엔.

请告诉我您的英文名字和起飞时间。

Qǐng gàosu wǒ nín de Yīngwén míngzi hé qǐfēi shíjiān.

▸ 8월 21일에 표가 있습니까?

빠 위에 얼스이 하오 여우 웨이즈 마?

八月二十一号有位子吗?

Bā yuè èrshíyī hào yǒu wèizi ma?

▸ 8월 20일자를 취소해 주십시오.

칭 게이 워 취샤오 빠 위에 얼스 하오 더.

请给我取消八月二十号的。

Qǐng gěi wǒ qǔxiāo bā yuè èrshí hào de.

탑승 수속

▸ 공항 이용료는 얼마입니까?

찌창 찌엔서페이카 더 짜거 뚜어사오 치엔?

机场建设费卡的价格多少钱?

Jīchǎng jiànshèfèikǎ de jiàgé duōshao qián?

▸ 동방항공의 카운터는 어디입니까?

똥팡 항콩 떵찌추 짜이 날?

东方航空登机处在哪儿?

Dōngfāng Hángkōng dēngjīchù zài nǎr?

▶ 탑승 수속을 하려고 합니다.

워 야오 빤 청찌 서우쉬.
我要办乘机手续。
Wǒ yào bàn chéngjī shǒuxù.

▶▶ 항공권과 여권을 제시해 주십시오.

칭 추스 찌퍄오 허 후짜오.
请出示机票和护照。
Qǐng chūshì jīpiào hé hùzhào.

▶ 예, 여기 있습니다.

하오 더, 짜이 쩔.
好的，在这儿。
Hǎo de, zài zhèr.

▶▶ 탑승 시간과 탑승 게이트를 확인하세요.

칭 닌 취에런 이샤 떵찌 스찌엔 허 떵찌커우.
请您确认一下登机时间和登机口。
Qǐng nín quèrèn yíxià dēngjī shíjiān hé dēngjīkǒu.

▶ 25번 탑승 게이트는 어디에 있습니까?

얼스우 하오 떵찌커우 짜이 날?
二十五号登机口在哪儿?
Èrshíwǔ hào dēngjīkǒu zài nǎr?

미엔수이띠엔
면세점　免税店
miǎnshuìdiàn

▶ 이 짐을 부치려고 합니다.

워 샹 투어윈 쩌거 싱리.
我想托运这个行李。
Wǒ xiǎng tuōyùn zhège xíngli.

▶▶ 짐을 올려 놓으세요.

칭 바 닌 더 싱리 팡 상취.
请把您的行李放上去。
Qǐng bǎ nín de xíngli fàng shàngqù.

▶ 제 짐이 중량을 초과했나요?

워 더 싱리 차오쭝 러 마?
我的行李超重了吗?
Wǒ de xíngli chāozhòng le ma?

▶▶ 여기에 가방(짐)을 올려 놓으세요.

칭 바 닌 더 빠오(싱리) 팡짜이 쩔.
请把您的包(行李)放在这儿。
Qǐng bǎ nín de bāo(xíngli) fàngzài zhèr.

▶ 이것도요?

쩌거 예 야오 마?
这个也要吗?
Zhège yě yào ma?

▶▶ 가방을 좀 열어 주십시오. 이것은 무엇입니까?

칭 다카이 싱리. 쩌 스 선머?
请打开行李。这是什么?
Qǐng dǎkāi xíngli. Zhè shì shénme?

▶ 이 술은 친구에게 선물할 겁니다.

쩌 지우 스 게이 펑여우 더 리우.

这酒是给朋友的礼物。

Zhè jiǔ shì gěi péngyou de lǐwù.

담배	샹옌 香烟 xiāngyān	약	야오 药 yào
화장품		화쫭핀 化妆品 huàzhuāngpǐn	

▶▶ 술은 들고 타실 수 없습니다. 다음부터는 부치시기 바랍니다.

니 뿌 커이 따이 지우 상 찌, 찐허우 투어윈 바.

你不可以带酒上机，今后托运吧。

Nǐ bù kěyǐ dài jiǔ shàng jī, jīnhòu tuōyùn ba.

▶ 죄송합니다. 몰랐습니다.

뚜이부치, 워 뿌 쯔다오.

对不起，我不知道。

Duìbuqǐ, wǒ bù zhīdao.

기내에서

▶ 제 자리는 어디입니까?

워 더 쭈어웨이 짜이 날?

我的座位在哪儿？

Wǒ de zuòwèi zài nǎr?

▶ 제 짐 좀 올려 주시겠어요?

칭 바 워 더 싱리 팡 샹취, 하오 마?

请把我的行李放上去，好吗？

Qǐng bǎ wǒ de xíngli fàng shàngqù, hǎo ma?

▶ 콜라 한 잔 주세요.

칭 게이 워 이 뻬이 커러.
请给我一杯可乐。
Qǐng gěi wǒ yì bēi kělè.

| 물 | 수이
水
shuǐ |

▶ 멀미약 좀 주세요.

칭 게이 워 윈찌야오.
请给我晕机药。
Qǐng gěi wǒ yùnjīyào.

| 신문 | 빠오즈
报纸
bàozhǐ | 모포 | 마오탄
毛毯
máotǎn |

▶ 한국에는 언제 도착하나요?

선머 스허우 따오 한구어?
什么时候到韩国?
Shénme shíhou dào Hánguó?

▶ 입국 신고서 좀 주세요.

칭 게이 워 루찡카.
请给我入境卡。
Qǐng gěi wǒ rùjìngkǎ.

▲ 기내 모습

| 이건 덤~ |

우리나라 공항의 출입국 수속 절차가 점차 간소화되고 있다. 2005년부터 내
국인 입국 신고서가 폐지되었으므로 내국인은 입국 수속 시에 여권만 제출하
면 된다.

기내·귀국

▨▨▨▨ 좀 주세요.

칭 게이 워

请给我 ▨▨▨▨ 。

Qǐng gěi wǒ ▨▨▨▨ .

물 수이	커피 카페이	홍차 홍차	주스 구어쯔
水 shuǐ	咖啡 kāfēi	红茶 hóngchá	果汁 guǒzhī

콜라 커러	맥주 피지우	신문 빠오즈	잡지 자쯔
可乐 kělè	啤酒 píjiǔ	报纸 bàozhǐ	杂志 zázhì

모포 마오탄	약 야오	두통약 터우통야오	휴지 웨이셩즈
毛毯 máotǎn	药 yào	头痛药 tóutòngyào	卫生纸 wèishēngzhǐ

비행기 멀미 윈찌	면세품 미엔수이핀	담배 샹옌	술 지우
晕机 yùnjī	免税品 miǎnshuìpǐn	香烟 xiāngyān	酒 jiǔ

공항 이용료 찌창 찌엔서페이카	입국 신고서 루찡카	탑승 게이트 떵찌커우
机场建设费卡 jīchǎng jiànshèfèikǎ	入境卡 rùjìngkǎ	登机口 dēngjīkǒu

부록

여행노선 계획도

● 수도(首都)
● 직할시
● 성도(省都)
● 특별행정구
● 일반 도시

우루무치乌鲁木齐

● 투루판吐鲁番

신장 위구르 자치구

간쑤성

시닝西宁 ●

칭하이성

티베트 자치구

쓰촨성

● 라싸拉萨

윈난성

경유하고자 하는 도시를 표시하여 내가 가고자 하는 곳의 위치
를 파악해 보세요~

헤이룽장성

● 하얼빈哈尔滨

창춘长春
지린성
● 옌지延吉

● 선양沈阳
라오닝성

후허하오터   허베이성
呼和浩特   ● 딴둥丹东

네이멍구 자치구   ● 베이징北京   ● 따리엔大连
                        ● 톈진天津

다퉁大同
● 인촨银川   산시성   ● 칭다오青岛
닝샤 회족   타이위안   스쟈장石家庄
자치구   太原   지난济南
● 란저우兰州   정저우郑州   산둥성
간쑤성   산시성   장쑤성
● 시안西安   ● 뤄양洛阳   허페이合肥   난징南京
                      허난성   쑤저우苏州
                           안후이성   상하이上海
● 청두成都   황산   항저우杭州
            충칭重庆   후베이성   黄山   저장성
                        우한武汉
            구이저우성   창사长沙   난창南昌
                         후난성   장시성
            ● 꾸이양贵阳   푸저우福州
                                       푸젠성   ● 타이베이台北

● 쿤밍昆明   광시 장족 자치구   광둥성   타이완
            ● 난닝南宁   광저우广州
                      선전深圳   홍콩香港
                         마카오澳门
                    하이커우海口
                 하이난성

	베이징시
	톈진시
	충칭시
	상하이시

261

많이 이용하는 중국 지하철 애플리케이션

✦ **중국 메트로**

중국의 도시별 지하철 노선을 확인할 수 있으며 한국어가 지원되기 때문에 편리합니다.

✦ **滕讯地图 téngxùndìtú**

텐센트에서 제공하는 지도 애플리케이션으로 중국의 도시별 지하철 및 버스 노선과 네비게이션 기능을 이용할 수 있습니다.

✦ **易通行 yìtōngxíng**

베이징 지하철 노선을 확인할 수 있는 애플리케이션입니다. 모바일 페이를 연동하면 교통카드로도 사용할 수 있어 베이징을 여행할 때 유용하답니다.

꿀팁! 지하철 노선 확인법 ('중국 메트로' 애플리케이션 기준)

- '중국 메트로'를 다운로드 받아 실행하고 도시를 선택하면 각 도시의 노선도가 나타납니다.
- 노선도에서 출발역과 도착역을 차례로 선택하면 최적의 경로를 확인할 수 있어요.

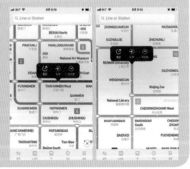

그 외 유용한 애플리케이션

✦ 高德地图 gāodédìtú

한국의 '네이버 지도'와 같은 통합 지도 애플리케이션입니다. 길 찾기 기능 외에도 맛집, 관광지 등의 여행 정보도 검색할 수 있어요. 중국에서는 '구글맵'보다 이 애플리케이션을 이용하는 것이 더 정확하고 편리합니다. [길 찾기]

✦ 大众点评 dàzhòngdiǎnpíng

인기 맛집, 마사지샵, 네일샵 등 중국인들의 생생한 이용 후기를 볼 수 있는 애플리케이션입니다. 특히 평이 좋은 가게들의 영업시간, 할인 쿠폰, 이벤트 등도 확인할 수 있어 편리해요. 주변에 있는 음식점을 추천하는 기능도 유용합니다.
[음식점 및 쇼핑 장소 찾기]

✦ 滴滴出行 dīdīchūxíng

차량 공유 서비스 애플리케이션으로 중국판 우버 택시라고도 합니다. 출발지와 목적지를 입력하면 이동 거리, 이동 시간, 예상 요금을 미리 확인할 수 있어 편리합니다. 신용카드나 모바일 페이를 연동해 두면 별도로 돈을 낼 필요 없이 이 애플리케이션으로 바로 결제할 수 있어요. [택시 이용하기]

✦ 有道翻译官 yǒudào fānyìguān

중국어 번역 애플리케이션입니다. 애플리케이션을 실행해서 중국어가 쓰여 있는 곳을 찍으면, 스캔하여 한국어로 번역해 줍니다. 반대로 한국어를 스캔하면 중국어로 번역해 주기 때문에 말이 통하지 않을 때 중국인에게 직접 보여 주며 이용할 수 있어요.
[번역 서비스 이용하기]

최신
수정판

회화도
정보도 **든든게여행중국어**

지은이 이강인·양희석·원호영
펴낸이 정규도
펴낸곳 (주)다락원

최신수정판 1쇄 발행 2019년 6월 20일

기획·편집 이지연, 정아영, 이상윤
디자인 정현석, 김나경, 최영란
일러스트 김문수
녹음 중국어 짜오똥메이(赵冬梅), 천화(陈华)
　　　한국어 김수진

다락원 경기도 파주시 문발로 211
전화 (02)736-2031(내선 250~252 / 내선 430~439)
팩스 (02)732-2037
출판등록 1977년 9월 16일 제406-2008-000007호

정가 8,000원
ISBN 978-89-277-2262-5　13720

---

www.darakwon.co.kr

• 다락원 홈페이지를 방문하시면 상세한 출판정보와 함께 동영상강좌,
  MP3자료 등 다양한 어학 정보를 얻으실 수 있습니다.